Otto von Frisch
Spaziergang mit August
und andere Tiergeschichten

Otto von Frisch

Spaziergang mit August

und andere Tiergeschichten

Mit 20 Zeichnungen von Christian Osterbauer

Piper
München Zürich

ISBN 3-492-03340-7

Gesetzt aus der Sabon Antiqua
Gesamtherstellung: Clausen & Bosse, Leck
Printed in Germany

Für Claudia

Inhalt

Vorwort

Das Manuskript zu diesem Buch liegt beim Verlag. Fertig zum Druck. Der Verlag bittet mich, noch ein Vorwort zu schreiben.

Das Vorwort ist also eigentlich ein Nachwort. Ich versuche auch einen leisen Protest. Wer liest schon ein Vorwort? Autoren könnten sich in einem Vorwort doch nur selbst loben.

So sei das nicht, sagt der Verlag. Ich brauchte nur zu schreiben, wie es zu diesem Buch kam, warum ich es geschrieben habe.

Als ob das so einfach wäre!

Ich gehe also auf einen ausgedehnten Spaziergang durch die Wälder und gehe in mich. Ich frage mich im stillen, ob ich weiß, warum ich dieses Buch schrieb, warum ich überhaupt Bücher schreibe.

Manchmal kommt der Wunsch nach einem Buch von einem Verlag. Meist handelt es sich dabei um Sachbücher. Wenn ich glaube, genug über die Sache, das gewünschte Thema, zu wissen, kann ich mich hinsetzen und schreiben.

Anders bei einem Buch wie diesem. Das wünschte sich zunächst einmal niemand.

Es keimte. Es wuchs im Innern. Es brauchte Zeit und dauerte. Erlebtes, Erfahrenes, Gefühltes mehrte sich und stieg an wie das Wasser in einem Krug unter dem Brunnenstrahl.

Irgendwann dann kommt es zum Überlaufen. Dann *muß* ich schreiben. Das, was sich da angesammelt hat, muß heraus, will aufs Papier. Einer, der musikalisch ist und Klavier spielen kann, setzt sich vielleicht an die Tasten und spielt, komponiert, läßt Töne entstehen und Melodien.

Ich setze mich an die Tasten meiner Schreibmaschine, reihe die Worte aneinander wie einzelne Töne. Ich höre sie nicht, aber ich sehe sie. Dort entsteht die Melodie, hier entstehen Sätze und schließlich ein Buch, wenn genügend Sätze zusammengekommen sind. Der eine komponiert eine Oper, ich...

Sehen Sie, da wäre ich beinahe ganz ungewollt beim Eigenlob gelandet. Ich wußte es doch.

Aber es ist schon so: Erlebtes gewinnt nach einiger Zeit Bedeutung, will in Gedanken noch einmal erlebt werden, und, natürlich, ich will es dann auch weitergeben an andere. Warum soll nur ich mich freuen an den Tieren, die ich um mich hatte, warum soll nur ich von ihnen lernen dürfen und an ihnen?

In unserer Zeit, in der es der Natur und unseren Mitlebewesen rundum ganz massiv an den Kragen geht – ich schreibe etwas darüber am Ende dieses Buches – ist es vielleicht mehr als früher notwendig, andere Menschen teilhaben zu lassen am Leben der Tiere, ihnen etwas zu sagen über Biologie und Verhalten, um Verständnis zu wecken für Artenschutz und Umweltschutz. Was man nicht kennt, kann man nicht lieben und noch weniger verstehen.

Ich könnte das alles in einem einzigen Satz zusammenfassen und sagen: Ich schreibe gerne, das Schreiben macht mir Freude. Nur wäre das dann kein Vorwort, sondern ein Vor-Satz.

Die Freude wächst natürlich und reift, wenn das Manuskript dann den Verleger findet, der ja erst ein Buch daraus werden läßt. Bis dahin ist es eine Geheimgeburt, ein Kind, das nur der Vater kennt, amorph und wesenlos in Windeln eingehüllt.

Der Verleger erst wickelt es aus, hebt es aus der Taufe, und viele andere im Verlag helfen mit, das Kind für seinen Weg ins Leben anständig und angemessen auszustatten. So sage ich ihnen herzlichen Dank.

Auch Christian Osterbauer möchte ich danken, dem jungen Künstler, der zu den Geschichten die Zeichnungen geschaffen hat. Ich sah Bilder von ihm, ganz anderer Art, die mich so angesprochen hatten, daß ich mir wünschte, er möge dieses Buch illustrieren. Und er ließ August, Tinka, die dicke Thea und all die anderen Tiere noch einmal, fast, lebendig werden.

Braunschweig, im März 1989 Otto von Frisch

Eine gar nicht dumme Gans

Das Wetter an diesem 7. April hätte kaum einen in Versuchung bringen können, freiwillig das Haus zu verlassen, um spazierenzugehen. Kalter Wind trieb einen matschigen Schnee fast waagrecht über das Land, von den Bäumen tropfte es herunter, und die Wege waren aufgeweicht. Naßkalte Stimmung überall.

Der einzige Spaziergänger in dieser trostlosen Öde war ich, und das auch noch freiwillig. Ich umrundete den großen Teich in einem Naturschutzgebiet und machte mir Gedanken, was ich über eben dieses Gebiet berichten könnte.

Tags zuvor hatte mich nämlich jemand angerufen und gefragt, ob ich nicht einen Aufsatz über das Naturschutzgebiet schreiben möchte, und da mir die Einfälle am ehesten bei einer Ortsbesichtigung kommen, zog ich also da meine Runden und grübelte über den Einstieg in meine Geschichte.

Auf den Wasserflächen schwammen verschiedene Enten, Bläßhühner jagten sich schimpfend und mit den Füßen über die Oberfläche platschend hin und her und waren dabei, die Grenzen ihrer künftigen Brutreviere abzustecken. Auf den Bäumen hockten schwarze Krähen, naß und mißmutig wie ich selbst.

Auf einmal drang ein klagendes »fuifuifui« an meine Ohren, laut und hilfeheischend. Ich blieb stehen, schaute suchend in Richtung der Laute und entdeckte ein kleines, gelbgraues Gänsekind. Da stand es hochaufgerichtet, völlig allein und verlassen, vom Teich getrennt durch einen tiefen Graben und den Weg, auf dem ich gekommen war. Nichts war zu sehen von seinen Eltern und Geschwistern.

Graugänse brüteten hier regelmäßig seit einigen Jahren. Und so besorgt Gänseeltern in der Regel um ihre Küken sind, dieses Paar hatte nicht aufgepaßt und eines seiner Kinder schutzlos in der bösen Welt zurückgelassen.

Was sollte ich tun?

Ich war in einem Naturschutzgebiet. Hier durfte niemand Tiere beunruhigen oder gar fangen und mitnehmen. Auf der anderen Seite war die Situation eindeutig: Dieses wenige Tage alte Gänsekind hatte nicht die geringste Überlebenschance. Es stand so auffällig am Wiesenrand und jammerte so unüberhörbar, daß es nur eine Frage der Zeit sein konnte, bis eine der Krähen oder auch ein Bussard das Küken verspeisen würde. Dafür aber erschien es mir viel zu herzig.

Und wollte ich nicht schon immer eine junge Graugans aufziehen, um ein wenig nachzuerleben, was mein Lehrer Konrad Lorenz so oft in seinen Büchern beschrieben hatte?

Da stand sie, die junge Gans, stand da und *wollte* geradezu gefangen werden. Und ich *konnte* sie nicht einfach ihrem Schicksal, sprich Krähen und Greifvögeln, überlassen.

Ich schaute nach allen Richtungen aus. Kein Mensch weit und breit. Und wenn mir dann jemand begegnen sollte mit meiner Gans in der Hand? Ich hatte noch ein gutes Stück zu gehen bis zu meinem Wagen. Ein feines Fressen wäre das für manche, wenn sie mich erwischten beim Wildern im Naturschutzgebiet!

Noch ein sichernder Blick, dann war ich über dem Graben, zog meinen Hut, stülpte ihn über die kleine Gans und hatte sie. Mit der linken Hand griff ich vorsichtig darunter, fühlte den weichen, warmen Flaum und schob dieses Dunenbällchen vorsichtig in meine Manteltasche. Sofort trat Stille ein. Das Gänsekind fühlte sich warm und geborgen, wähnte sich wohl zwischen den Bauchfedern von Vater oder Mutter sicher und gab keinen Pieps mehr von sich.

Einigermaßen beruhigt aber doch eiligen Schrittes machte ich mich davon, allzu starke Erschütterungen der Manteltasche möglichst vermeidend, und fuhr immer wieder mit einem Finger über das seidenweiche Köpfchen meines Findlings.

Bei meinem Wagen angekommen, außerhalb des Schutzgebietes, waren wir dann sicher. Aber bereits auf der Fahrt nach Hause kamen mir Zweifel, ob das, was ich mir vorgenommen hatte, nämlich das Gänseküken aufzuziehen und zu zähmen, überhaupt einen Sinn gab. Natürlich wußte ich, nachdem ich mich seit vielen Jahren mit Vögeln und Verhaltensforschung beschäftigte, daß Graugänse sofort nach dem Schlüpfen aus dem Ei auf das erste Lebewesen, das sie sehen konnten, geprägt werden. Normalerweise sind das die Gänseeltern oder ein Elternteil. Auf jeden Fall auch Graugänse. Dieses Küken in meiner Tasche mußte also längst auch auf Graugans geprägt sein und mich als unbekanntes Wesen fürchten wie die Pest. Es würde, wenn es mich erst einmal richtig zu Gesicht bekam, nur Furcht und Angst empfinden und alles andere tun, als hinter mir her zu marschieren.

Nun ja, ich würde das bald feststellen können. Vielleicht war ja immerhin eine gewisse Futterzahmheit zu erreichen. Daheim richtete ich eine geräumige Kiste für meinen Pflegling her, stellte Wasser hinein und rupfte im Garten verschiedene Sorten von Gräsern und anderem Grünzeug, von dem ich vermutete, daß es den Geschmack der Gans treffen konnte.

Sobald ich damit wieder bei meinem provisorischen Gänsestall auftauchte und mein Kopf für das Küken über dem Kistenrand sichtbar wurde, erhob dieses ein schreckliches, ängstliches Geschrei und drückte sich in die äußerste Kistenecke.

Da hatte ich es, wie erwartet.

Kein Dank für den Lebensretter. Nur Furcht und Abscheu. Erst nachdem ich mich ein Stück zurückzog, hörte das Küken auf zu jammern. Leise Schnabelgeräusche ließen darauf schließen, daß es Futter aufnahm. Ich verließ also erst einmal den Raum, um das kleine Ding zu Kräften kommen zu lassen, aber wann immer ich in den nächsten Stunden wiederkehrte und das Gänsekind mich sah, wiederholte sich das abwehrende und ängstliche Verhalten. Mir kamen schon die ersten Zweifel, ob ich die junge Gans nicht doch einfach ihrem Schicksal hätte überlassen sollen, als mein Sohn aus der Schule nach Hause kam, hinter mir ins Zimmer schlich und einen fragenden Blick auf das piepsende Etwas warf.

»Was'n das?«

»Eine junge Graugans!«

»Eine?«

»Ja, leider nur eine!«

»Die hat aber ganz schön Angst!«

Ich sagte ihm, wie und wo ich sie gefunden hatte und daß sie schon mit ihren Eltern unterwegs gewesen war und auf sie geprägt sei.

»Und jetzt sucht sie nach ihnen und will von dir nichts wissen«, sagte Julian.

»So ist es«, sagte ich.

»Und wenn du ihr einfach noch ein paar Gänse zur Gesellschaft holst«, meinte er, »dann hat sie, was sie sucht?«

»Wie soll ich denn«, sagte ich. »Ich kann doch nicht einfach ins Naturschutzgebiet gehen und mir dort noch andere Gänse einfangen. Ich bin schon froh, daß mich hier keiner erwischt hat!«

»Du brauchst nicht ins Naturschutzgebiet zu gehen«, sagte Julian, »du brauchst bloß zur Geflügelzüchterei im Nachbarort zu fahren!«

Also diese Idee hätte mir selber kommen können. Tatsächlich bot diese Züchterei seit ein paar Wochen ständig junge Hühner, Enten und Gänse in der Tageszeitung an.

Mich hatte das nur bis jetzt nicht im geringsten interessiert, weil ich für derlei Hausgeflügel wenig Neigung besaß. Aber jetzt hatte Julian im Handumdrehen die betreffende Anzeige gefunden, was mich vermuten ließ, daß er ihr schon länger seine Aufmerksamkeit gewidmet haben mußte.

Und schon saßen wir im Auto und fuhren in den Nachbarort.

Die Brüterei fanden wir auf einem alten Bauernhof in einer alten Scheune. Mehrere große Brutschränke standen dort, und aus allen Ecken fiepte und piepte es. In verschiedenen Verschlägen gab es Hühner-, Enten- und Gänseküken unterschiedlichen Alters, die sich unter Infrarotwärmelampen zusammendrängten oder im Futter herumkratzten.

Der Betreiber des Ganzen war sichtlich zufrieden mit seiner Produktion. Jedenfalls verhieß seine ausladende Handbewegung soviel wie: Was immer Sie möchten, wir haben es!

Ich sagte ihm, was wir wollten. Wir wollten drei Hausgansküken, die soeben geschlüpft waren, aber noch im Brutschrank saßen und noch keinen Menschen oder ein anderes Lebewesen zu Gesicht bekommen hatten.

»Kein Problem«, sagte der Mann, marschierte quer durch den Raum zu einem der Brutschränke und wollte dessen Tür schon öffnen, als ich »stop« rief und sagte: »Lassen Sie mich das machen. Die Gössel sollen *mich* als erstes sehen.« Er schaute zwar etwas verständnislos drein, sicherlich waren ihm die Probleme der Prägung nicht geläufig, aber er ließ mich machen.

Vorsichtig öffnete ich die Tür und sah im nur matt erleuchteten Inneren etwa ein Dutzend flaumigweiche gelbe Gössel. Dann sagte ich »gang gang gang«, wie das Graugänse zur Begrüßung tun, und schon reckten sich mir die Hälse der Kleinen entgegen und mit leisem »wi wi wi« wurde mir vielstimmig erwidert.

Alle Hausgansrassen stammen von der Graugans ab. Haben sich im Laufe der Züchtung auch unterschiedliche Gestalten und Farbschläge ergeben, die Stimmen der Wildform und der Hausgänse sind gleich geblieben und ebenso die Bedeutungen der einzelnen Laute.

Wenn auch mein »gang gang gang« sicher nicht sehr wildgänsisch ausgefallen war, die Kleinen hatten mich durchaus verstanden.

Jetzt war Julian an der Reihe. Ich sagte ihm, er solle drei Gössel aus der Schar aussuchen. Er suchte gar nicht erst lange, sondern griff sich die drei nächstbesten. Ohnehin sahen alle gleich aus.

Wir bezahlten ein paar Mark und machten uns auf den Heimweg.

Unterwegs ging es ständig »gang gang gang« und »wi wi wi« hin und her. Aus ihrem Transportkistchen schauten die drei gelben Knäuel vertrauensvoll zu uns Menschen auf, bereit, sich auf Gedeih und Verderb uns auszuliefern. Wir waren für sie jetzt die Eltern. Uns hatten sie als erste Lebewesen in ihrem Dasein gesehen. Und uns würden sie folgen, wohin wir auch gingen.

Julian machte sich Gedanken über die Zusammenbringung dieser Drei mit der jungen Graugans daheim.

»Meinst du, wir können sie gleich zusammensetzen«, fragte er, »oder gibt das eine Rauferei?«

»Ich glaube nicht, daß das eine Rauferei gibt. Warum auch? Die Graugans wird froh sein, vertraute Laute zu hören, und so sehr anders sehen diese Gössel auch nicht aus. Sie sind gelber, das schon, aber sie benehmen und bewegen sich wie Graugansgössel auch. Wir werden es einfach ausprobieren!«

Für die erste Begegnung zwischen der Verwandtschaft war die Aufzuchtkiste, in der die kleine Graugans saß, nicht sehr geeignet. Ich fing sie also vorsichtig mit der Hand heraus, was ein heftiges Protestgeschrei zur Folge hatte, und brachte sie in den Garten in einen kleinen Auslauf in der Wiese. Dann setzten wir die Gelben dazu und gingen ein paar Schritte zurück.

Kaum hatten sich die Gänsekinder auf ihren Beinchen eingeschaukelt, die zumindest bei den drei Hausgänsen noch etwas wackelig waren, gab es eine riesengroße Begrüßung mit lang vorgestreckten Hälsen und einem langen »wi wi wi«-Palaver. Hier stand das Grauganskind, ihm gegenüber standen die Hausgänschen, und – »wi wi wi« – man fand, daß man zu einander paßte und von ein und demselben Schlag war, was schließlich auch stimmte.

Nachdem sich die Gänse gegenseitig genug begrüßt und gewürdigt hatten, drehten sich die drei Gelben auf einmal um und grüßten mit langen Hälsen in die Richtung, in der wir standen. Sie grüßten uns auch, weil wir für sie ja mit zur Familie gehörten.

Und was tat die kleine Graugans? Auch sie grüßte mit »wi wi wi« in unsere Richtung.

Das war zunächst sicherlich ein Versehen, denn eigentlich mochte sie uns nicht. Sie machte einfach nach oder mit, was die anderen machten. Aber das war schon ein Fortschritt in unserer Beziehung.

Der nächste folgte im wahrsten Sinne des Wortes auf dem Fuß.

Die Hausgansgössel wollten nämlich jetzt zu uns und aus dem Auslauf heraus. Ich hob also dessen eine Seitenwand etwas an, damit sie drunter durchschlüpfen konnten, und sofort liefen sie auf uns zu, bis sie an unseren Beinen standen, wo sie begannen, Gras zu rupfen und zu fressen.

Und auch die Graugans war mit durchgeschlüpft und hinterher gelaufen. Zwar hielt sie etwas Abstand von Julian und mir, so ganz geheuer erschien ihr unsere Anwesenheit noch lange nicht, aber ihre Bindung an die Artgenossen hatte sich bereits derart gefestigt, daß sie diese nicht mehr verlieren mochte. Und auch sie begann zu fressen.

Jetzt machte ich die Probe aufs Exempel und ging langsam davon über die Wiese. Sofort kamen die Gössel hinterher, und hinter den Gösseln lief die Graugans. Die Geschichte war völlig klar: Das Grauganskind liebte uns zwar immer noch nicht, aber es liebte seine Ziehgeschwister. Diese wiederum liebten uns als vermeintliche rechtmäßige Eltern. Und im Sog der Hausgänse mußte die Graugans ganz einfach nachlaufen, wollte sie das eben Gewonnene nicht wieder verlieren.

Das war also ein entscheidender Schritt in die Richtung, das Vertrauen und später vielleicht auch die Zuneigung des Grauganskindes zu gewinnen und zu festigen.

Natürlich hatte bei der kleinen Graugans keine Auflösung der Prägung auf ihre richtigen Eltern stattgefunden und auch keine Umprägung auf den Menschen. Die Prägung auf das erste Lebewesen im Dasein einer Gans ist unumstößlich. Aber da die Gössel keinerlei Scheu vor diesen großen, fremden Menschengestalten zeigten und ihnen überall hin nachliefen, ohne daß etwas Böses geschah, verlor auch die Graugans allmählich ihre Angst.

Das dauerte seine Zeit, aber täglich nahm der Abstand, den die Graugans von den Hausgösseln und damit auch von den Menschen hielt, ab, und täglich verlor sie auch mehr und mehr ihre Nervosität und Scheu. Anfassen ließ sie sich allerdings noch lange nicht.

Für die Hausgänse waren Berührungen mit der Hand von Anfang an nichts Schlimmes. Sie mochten es zwar nicht, wenn man ihnen mit den Fingern gegen den Federstrich fuhr, das ist für jeden Vogel unangenehm. Man bringt damit sein zartes und überaus empfindliches Gefieder arg in Unordnung. Aber Kraulen mit einem Finger im noch flaumigen Dunenkleid mochten sie gern, und auch, wenn die ganze Hand leicht über Hals und Rücken strich, machten sie keine abwehrenden Bewegungen. Sobald ich aber versuchte, meine Hand auch nur in die Nähe der Graugans zu bringen, wenn sie etwa satt und zufrieden neben den anderen auf der Wiese ruhte, stand sie sofort auf und wich ein paar Schritte aus.

Die vier Gänse waren nun schon fast zwei Wochen bei uns. Die Graugans hatte den Namen Tinka erhalten, zwei Silben, die dem Wortschatz der Graugänse entstammten. »Gang-gang« und »ging-gang« sind die Stimmfühlungslaute der Gänse, wenn sie, vermenschlicht gesagt, locker miteinander plaudern und stimmlichen Kontakt untereinander halten möchten. Tinka also klang etwa wie »ging-gang« und mochte auch für eine Gans verständlicher sein als Kunigunde oder sonst ein Name.

Für die Hausgänse fielen weder Julian noch mir noch Tochter Barbara vernünftige Namen ein. Unser Interesse an ihnen, jedenfalls was mich betraf, war auch geringer. Für mich dienten sie immer noch in erster Linie als Vermittler zwischen Tinka und den Menschen. Sie wuchsen schneller als Tinka, wurden von Tag zu Tag nicht nur größer und stämmiger, sondern auch fetter, was zwar die Aufgabe ihrer Rasse sein mochte, sie aber damit deutlich von der Graugans unterschied.

Schließlich, nachdem wir zunächst meist von ›den Gelben‹ gesprochen hatten, wenn wir die Hausgänse meinten, gewöhnten wir uns daran, ›die Fetten‹ zu sagen. Der gelbe Flaum wich sowieso mehr und mehr den sprießenden weißen Federn. Ja sicher, die Hausgänse wurden weiß im gleichen Ausmaß, wie Tinka grau wurde. Bei der Herauszüchtung seiner Haustierrassen hat der Mensch auf die Erhaltung der ursprünglichen Wildfärbung zumeist keinen großen Wert gelegt. Wie es weiße Hausgänse gibt, so gibt es auch weiße Hühner oder Enten und Tauben. Das ist auch nicht weiter schlimm, solange die Haustiere dort bleiben, wo sie hingehören, bei Haus und Hof also. Weniger erfreulich wird es, wenn sich diese weißen Brüder und Schwestern in die Gefilde ihrer wilden Artgenossen aufmachen und sich mit ihnen verpaaren. Das kommt auf dorf- und stadtnahen Gewässern leider gar nicht so selten vor, und dort sieht man dann sehr oft merkwürdig gescheckte Stockenten vor allem zwischen den echt wildfarbenen Genossen umherschwimmen. Ein deutlich sichtbarer Hinweis, daß hier irgendwann ein Fehltritt stattgefunden haben muß.

Die Gänse lebten tagsüber jetzt im Garten, der für sie ein reiches Angebot an Nahrung stellte, von mir nur bereichert durch einige Hände Maiskörner und Weizen. Aber nachts wurden sie in ein kleines, ringsum geschlossenes Gehege gesperrt, in dem sie sicher waren vor Katzen, Mardern und Füchsen. Da unser Garten am Rande des Dorfes lag und in die offene Landschaft hineinreichte, waren solche Vorsichtsmaßnahmen zunächst noch notwendig.

Die Vier hatten sich längst so aneinander angeschlossen, daß sie auch mit sich alleine zufrieden waren und nicht mehr laut zu jammern anfingen, wenn ich mich entfernte, um andere notwendige Dinge zu erledigen. Trotzdem gab es jedesmal eine große Begrüßung bei meinem Erscheinen, bei dem inzwischen auch Tinka mitmachte. Sie hatte mich, ohne daß mir der genaue Zeitpunkt bewußt geworden war, irgendwann akzeptiert und für sich in den Kreis der zu Begrüßenden aufgenommen. Bis dahin grüßte sie, wie in den ersten Tagen mit den Hausganskindern, stets nur zu diesen ausgerichtet, während die Hausgänse die vorgestreckten Hälse und Köpfe mir zuwandten. Das »wi wi wi« war inzwischen auch zum »ging gang gang«, »gang gang gang« erwachsener Gänse geworden, und wenn mich Tinka als erste wahrnahm, fing sie auch als erste mit den Begrüßungsrufen an, die nun direkt an mich gerichtet wurden.

Ich hatte eigentlich erreicht, was mein Wunsch gewesen

war. Tinka hatte Vertrauen gewonnen. Ich gehörte jetzt für sie voll und ganz zur Familie.

Viele Wochen war den Gänsen eine flache Wasserschüssel als Trinkwasserspender genug. Sie sind ja gut zu Fuß, und wenn sich unter natürlichen Bedingungen die Gänsekinder mit ihren Eltern auch viel im und am Wasser aufhalten und nur zum Weiden an Land gehen, so brauchen sie doch eine größere Wasserfläche nicht unbedingt.

Meine Schar benutzte die Wasserschüssel auch, um einmal ein Bad zu nehmen, aber ich fand dann doch, sie müßten mit einem natürlichen Gewässer Bekanntschaft machen. Dazu bot sich wie selbstverständlich die Aue an, ein Bach, der sich an der Grenze unseres Grundstücks entlangschlängelte.

Ich rief meine Kinder, die an diesem Ereignis teilhaben sollten, und bat sie, Schuhe und Strümpfe auszuziehen und den Gänsen voran in den Bach zu steigen. Ich selbst wollte am Ufer bleiben, um etwaige Rettungsaktionen von einem sicheren Standort aus einleiten zu können, falls solche notwendig werden sollten.

Die Gänse konnten ja abtreiben, oder eines der Kinder konnte im Schlamm versinken. Sicher war sicher.

Wir lockten Tinka und die anderen drei Gänse unter ständigem »gang gang gang« hinter uns her, und sie folgten uns brav wie gewohnt. So kamen wir gut über die Wiese und durch die Büsche, die den Bachrand säumten. Dann standen wir alle am Ufer, und die Gänse machten lange Hälse und hörten auf, »gang gang« zu sagen. Das strömende Wasser war neu für sie.

Nun sind Gänse keineswegs dumm. Kein Tier überhaupt ist dumm. Jede einzelne Art besitzt ein Verhaltensrepertoire und kann das, was ihr das Überleben sichert. Dabei werden an die einzelnen Arten unterschiedliche Anforderungen gestellt.

Ein baumbewohnender Affe zum Beispiel muß, um

seine Nahrung zu finden, geschickt im Geäst klettern können und, um seinen Feinden zu entkommen, blitzschnell fliehen und dabei auch Sprünge von Baum zu Baum meistern, ohne abzustürzen. Das Faultier dagegen, ebenfalls baumbewohnend, verläßt sich auf seine schützende Tarnfärbung, bewegt sich äußerst langsam, und die Blattnahrung wächst ihm sozusagen von selbst ins Maul. Das sind zwei völlig unterschiedliche Überlebensstrategien, die aber beide zum Ziel führen, ohne daß das Faultier dabei dümmer ist als der Affe oder umgekehrt.

Wenn also eine Gans auf etwas stößt, das sie nicht kennt, bleibt sie erst einmal stehen, sichert und betrachtet sich die Geschichte, von der ja eine Gefahr ausgehen könnte. Meine Gänse verhielten sich immer so. Lag ein neuer Gartenschlauch im Gras, der im Gegensatz zum alten nicht einfarbig rot war, sondern schwarz-gelb gemustert, so erstarrten sie und trauten sich nicht, darüberzusteigen. Aus diesem sehr einfachen Grund sind Gänse so gute Wächter auf einem Hof.

Alles Fremde, auch Menschen natürlich, erregt zunächst ihr Mißtrauen, und sie erheben ein unüberhörbares Geschnatter.

Aber der Spruch von der dummen Gans ist recht fest in uns Menschen verwurzelt. Barbara sagte auch prompt: »Jetzt geh schon hinein, du dumme Gans«, als weder Tinka noch die anderen Anstalten machen wollten, in den Bach zu steigen. Die Kinder standen mittendrin und lockten und planschten, aber das beeindruckte die Gänse überhaupt nicht.

Sie steckten nur nacheinander die Schnäbel ins Wasser, nahmen einen Schluck und drehten sich dann um, bereit, die Böschung wieder hinaufzugehen und diesem unbekannten Etwas den Rücken zu kehren.

Die Kinder bekamen kalte Füße.

Ich packte die mir am nächsten stehende Fette und warf

sie einfach in den Bach. Sie schlug heftig mit den Flügeln, Julian wurde von oben bis unten naß und schrie: »Du Schwein, du altes!« Unklar blieb dabei, wen er meinte. Die Fette war schon wieder am Ufer.

Mißtrauisch geworden, machten die Gänse sich nun endgültig davon.

Dieser erste Ausflug zum Wasser war gescheitert. Wir ließen die Gänse fürs erste in Ruhe und versuchten die Sache am nächsten Tag neuerdings.

Wir kamen tatsächlich einen Schritt weiter, weil Tinka nun an einer sehr flachen Uferstelle immerhin bis fast an ihr Bauchgefieder ins Wasser stieg. Zwei der Fetten taten es ihr gleich, nur die Dritte hatte wohl noch das Erlebnis vom Tag zuvor nicht vergessen und hielt Abstand.

Immer wieder machten wir oder einer von uns in der nächsten Zeit diese Ausflüge zum Bach und dann, nach etwa einer Woche, geschah das Wunder: die Gänse bequemten sich zu schwimmen.

Es hatte lange gedauert. Jetzt aber schien die Scheu vor dem strömenden Wasser schlagartig verschwunden zu sein. Es hob ein vierfaches Getümmel an, die Gänse tauchten, badeten und schlugen mit den Flügeln wie verrückt.

Sie entdeckten ihr zweites Element und nahmen es in Besitz, als wäre das schon immer so gewesen.

Im Alter von 60 Tagen waren die Schwingen der Gänse so weit gewachsen, daß sie flugfähig wurden. Sie stoben ab und zu über die Wiese, als ob sie sich in die Luft erheben wollten, heftig die Schwingen schlagend, aber um endgültig abzuheben, fehlte ihnen wohl noch der Mut. Da ich nicht mitfliegen konnte und höchstens wild mit den Armen rudernd dem Erdboden verhaftet blieb, hatten die Gänse keinen Anführer. Außerdem umgaben das Grundstück zahlreiche sehr hohe Bäume, zwischen denen durchzustarten gewisses flugtechnisches Geschick verlangte.

Mir war nicht sehr wohl bei dem Gedanken, die Gänse würden tatsächlich losfliegen. In die Luft mochten sie vielleicht noch ganz gut kommen, aber sie mußten dann auch wieder herunter. Und nach oben fliegt ein Jungvogel immer leichter. Das Landen braucht noch mehr Können und auch einen Teil Erfahrung, besonders eben, wenn sich der Landung Hindernisse in den Weg stellen. Ich war etwas erleichtert, als ich nach ein paar Tagen feststellte, daß die Fetten gar nicht fliegen konnten. Sie waren zu schwer und zu fett.

Sie merkten das wohl auch bald selbst, denn sie gaben es auf, einen Weg in den Himmel zu suchen.

Tinka natürlich war weder zu schwer noch zu fett. Sie war topfit, und ich merkte ihr an, daß es nur mehr eine Frage der Zeit sein würde, bis sie die Hemmung überwand, ohne ihre Geschwister den ersten Flug zu machen. Und dann war ich nicht dabei.

Ich war im Haus, als draußen ein lautes Gänserufen anhob, das irgend etwas zu bedeuten haben mußte.

Zur Wiese rennend, sah ich die drei Fetten hochaufgerichtet dort stehen, die Köpfe zum Himmel erhoben, den sie, abwechselnd mit dem linken und dem rechten Auge, offensichtlich in größter Aufregung absuchten.

Tinka fehlte, und mir war sofort klar, daß sie abgeflogen sein mußte und daß sie es war, nach der die Fetten Ausschau hielten.

Zu sehen war sie nicht, aber ich bildete mir ein, von ziemlich weit weg ihr Geschnatter zu hören.

Inzwischen waren auch Barbara und Julian auf der Bildfläche erschienen. Und nachdem drei Gänse und ihr Vater ratlos in den Himmel stierten, begriffen auch sie, was sich hier abspielte.

Barbara fing sofort etwas übertrieben an, nach Tinka zu rufen und: »Sie fliegt weg, sie wird sich verfliegen, Tinka, Tinka, bestimmt kommt sie nicht wieder!«

»Den Teufel wird sie tun«, sagte ich, und Julian bemerkte sachlicher: »Natürlich kommt sie wieder, schon zum Fressen!«

In diesem Moment tauchte Tinka über den Nachbarhäusern auf, sah uns unten stehen, schnatterte lauter und freudig, drehte noch eine Runde und kam dann zwischen den Bäumen schräg heruntergeschossen.

Babsi machte die Augen zu und drehte sich um, ich schickte der Gans ein Stoßgebet entgegen. Aber da war sie schon sicher gelandet.

Nur ein paar Meter von uns entfernt war sie auf die Wiese gekommen. Die drei Fetten liefen sofort auf sie zu, und, wären es Menschen gewesen, wären sie sich in die Arme gefallen vor lauter Freude, wieder zusammenzusein. So begann nur ein lautstarkes »gang gang gang« und »ging gang gang«, das länger anhielt als sonst üblich, bis sich schließlich alle beruhigten und sozusagen zur Tagesordnung übergingen.

Von da an machte Tinka täglich zweimal ihre Rundflüge. Zunächst blieb sie dicht beim bekannten Grundstück, aber mit der Zeit dehnten sich die Flüge aus, der Aktionsradius wurde größer, und sie kam wohl weit über das Dorf hinaus.

Da Gänse in der Zeit, als Tinka bei uns lebte, nicht bejagt werden durften, machte ich mir keine allzugroßen Sorgen. Es gab zwar ein paar Jäger in der Nachbarschaft, denen es bei allem, was daherkam, in den Fingern zuckte, aber eine Gans war doch ein zu großer Brocken, als daß man ihn so ohne weiteres hätte verschwinden lassen können.

Ich hatte Tinka auch beringt. An ihrem linken Bein trug sie einen Aluminiumring der Vogelwarte Helgoland mit einer eingestanzten Nummer. Am rechten Bein waren ein weißer und ein roter Plastikring befestigt. Man würde sie erkennen können, auch in einer Schar anderer Graugänse, sollte sie einmal von der Gesellschaft der Menschen und der Fetten genug bekommen und sich nach passenderen Kumpanen umsehen wollen.

Aber sie blieb und kehrte nach jedem Ausflug brav zurück.

Bis eines Morgens an einem Sonntag.

Da ich zu Hause war, hatte ich sie abfliegen sehen. Gewöhnlich dauerten ihre Rundflüge selten länger als eine halbe Stunde. Jetzt war sie schon eine Stunde weg. Nach einer weiteren halben Stunde wurde ich unruhig. Und dann rief mich ein Bauer an vom anderen Ende des Dorfes und sagte, bei ihm im Hof stünde eine Gans, ob die mir gehören würde.

Man wußte inzwischen rundum Bescheid, daß ich allerlei Getier in meinem Garten hielt und daß auch hie und da das eine oder andere reißaus nahm.

Ich fragte, obwohl ganz sicher, daß es sich nur um Tinka handeln konnte, ob die Gans beringt sei. »Rechts weiß-rot«, sagte ich, »und links ein Aluminiumring«. »Moment, ich muß nachsehen«, sagte der Bauer, blieb ein paar Sekunden weg und bestätigte dann meine Vermutung. Ich sagte nur: »Ich komme, lassen Sie sie, wo sie ist«, sprang ins Auto und fuhr hin.

Der Hof, in dem Tinka gelandet war, war eng begrenzt. Auf drei Seiten standen Häuser, auf der vierten versperrte eine alte Eiche den direkten Abflug. Wie Tinka es geschafft hatte, hier zu landen, blieb rätselhaft und noch mehr, was sie dazu veranlaßt haben mochte. In einer völlig fremden Umgebung herunterzukommen, das liebt eine Gans nicht. Ich machte mir nicht allzu viele Gedanken darüber und war froh, Tinka wieder zu haben.

Nur hatte ich sie noch nicht.

Ihre Haltung, wie sie dastand, verriet Nervosität und Abflugbereitschaft. Bei meinem Erscheinen hatte sie mich zwar begrüßt, aber sehr kurz und uninteressiert. Sie suchte entschieden nach einer Möglichkeit, auf dem schnellsten Weg diesen Hof zu verlassen.

Aber sie merkte sicher auch, daß sie es nicht schaffen würde. Sie hätte dazu fast senkrecht aufsteigen müssen, und nach dem ausgedehnten Rundflug und der Aufregung fehlte ihr die Kraft dazu.

Ich postierte den Bauern und seine Frau unter der Eiche. Die Frau schaute etwas grimmig drein. Wahrscheinlich ärgerte sie sich, daß ihr ein saftiger Gänsebraten entging.

Richtung Eiche konnte Tinka nämlich noch am ehesten starten. Ich wollte sie aber zunächst einmal sicher nach Hause bringen und verhindern, daß sie sich bei einem überhasteten und verängstigten Abflug den Hals oder die Flügel brach.

Auf die beiden fremden Leute würde Tinka nicht zufliegen. Ich tat dann so, als wollte ich nur an ihr vorbeigehen, machte aber eine schnelle Wendung und packte sie einfach am Hals.

Dann griff ich mit dem freien Arm unter ihren Bauch, hob sie hoch und klemmte sie mir unter die Achsel. Sie zischte unwillig, war aber so verdattert, daß sie sich nicht ernstlich wehren konnte.

Ich bedankte mich schnell für die Benachrichtigung, steckte Tinka in den Kofferraum und machte, daß ich zurück in den Garten kam.

Offenbar hatte diese Irrlandung bei der Gans einen ziemlichen Eindruck hinterlassen. Sie flog ein paar Tage gar nicht, dann nur sehr enge und kurze Runden, und erst nach vierzehn Tagen blieb sie wieder etwa eine halbe Stunde aus.

Dann kam der Winter. Ein langer Winter mit Massen von Schnee und klirrendem Frost.

Im November schon waren die Graugänse aus dem Schutzgebiet mit seinen großen Teichen und den weiten Schilfgürteln fortgezogen nach Süden. Meine Bedenken, daß auch Tinka vom Zugtrieb erfaßt werden würde, hatten sich nicht bestätigt. Sie blieb.

Meist saß sie mit ihren drei weißen Genossen auf den Strohhaufen, die ich den Gänsen immer wieder neu hinstreute, um sie vor der ärgsten Kälte zu schützen. An den Körper kam die Kälte nicht heran, das dichte Federkleid isolierte gut. Aber die Beine und Füße wärmten sich die Vögel gerne auf, indem sie aufs Stroh gingen, sich auf die Bäuche setzten und die Beine ins Bauchgefieder zogen.

Fast zwei Jahre war Tinka bei uns. Wir wußten allerdings nicht, ob es wirklich eine Gans war oder vielleicht ein Ganter. Sie blieb eher zierlich und klein, was für ein weibliches Geschlecht sprach, aber so ganz sicher konnte man da nicht sein. Auch machte sie keine deutlichen Annäherungsversuche an eine der Fetten. Dagegen wurde sie im zweiten Frühjahr merklich unruhiger und dehnte ihre Rundflüge mehr und mehr aus. Sie war auf Brautschau oder auf der Suche nach einem Bräutigam.

Und eines Tages, Anfang März, kam sie dann nicht in den Garten zurück und blieb endgültig fort.

Zunächst war ihr Schicksal ungewiß. Diesmal kam keine Nachricht von irgendeinem Nachbarn, und es sikkerten auch keine Gerüchte oder Stammtischgespräche zu mir durch, daß in der näheren oder weiteren Umgebung eine Gans verunglückt, gefangen oder geschossen worden war.

Als ich nach ein paar Wochen dann mit dem Rad durch das Naturschutzgebiet fuhr, traf ich auf den ›Gänsevater‹, einen jungen Mann, der mindestens zweimal im Jahr die Graugänse dort überprüfte. Die meisten waren beringt mit Ringen der Vogelwarte und bestimmten Farbkombinationen, so daß man sie sozusagen persönlich erkennen konnte.

Überall waren Graugänspaare mit ihren vor wenigen Tagen geschlüpften Jungen unterwegs. Die Brutzeit mußte recht erfolgreich gewesen sein, denn viele Gänseeltern führten fünf oder sechs Küken, und ein Paar hatte sogar zehn dieser flaumigen Kinder im Gefolge.

Wir unterhielten uns schon eine Weile über die Gänse, als ihr Betreuer meinte: »Aber vor zwei Tagen habe ich eine Gans gesehen, mit der ich überhaupt nichts anfangen kann!«

Ich fragte, wieso, und dachte zunächst, er würde von der Indischen Streifengans sprechen, die sich vor geraumer Zeit hier eingefunden hatte und sich mit den Graugänsen herumtrieb. Sie gehörte natürlich nicht zur heimischen Vogelwelt und mochte aus einem Zoo oder einem Vogelpark entkommen sein.

»Nein, nicht die Streifengans«, sagte er, »ich meine eine Graugans mit einer ganz komischen Ringkombination. Ich selbst habe sie ganz sicher nicht beringt, und die Vogelwarte kennt diese Farbzusammenstellung auch nicht.«

»Wie ist denn die Ringkombination?« fragte ich scheinheilig.

»Sie hat links einen Aluminiumring«, sagte er, »den ich aber noch nicht ablesen konnte. Und rechts hat sie einen weißen und einen roten Plastikring!«

Tinka!

»Also das kann ich Ihnen sagen, wo die herstammt!«

Er schaute mich leicht verdutzt an.

»Kennen Sie diese Gans?«

»Klar«, sagte ich, »ich habe sie ja aufgezogen!«, und dann erzählte ich ihm die Geschichte von Tinka.

»Ich bin ja froh, daß sie jetzt wieder dort ist, wo sie einmal auf die Welt kam«, sagte ich zum Schluß. Und der Name Tinka war richtig gewesen. Es war eine Gans. Der Gänsevater wußte nämlich noch zu berichten, daß sie sich mit dem Gänserich blau-gelb-links verlobt hatte, der vor drei Jahren hier im Naturschutzgebiet aus dem Ei geschlüpft war als Sohn der Gänseeltern blau-blau-rechts und blau-rot-rechts. Ein Ring hatte sich geschlossen.

Die unnützen Wächter

Die Geflügelzüchterei, von der meine drei Hausgänse stammten, verhalf mir noch zu anderem Federvieh. In meinem Garten standen in jener Zeit viele Volieren und andere Freigehege, bevölkert von zahlreichem Getier. Es blieb nicht aus, daß vor allem nachts die Katzen des ganzen Dorfes interessiert mein Grundstück besuchten, in der Hoffnung, den einen oder anderen Braten zu erwischen. Sie konnten allerdings an die ihrem Geschmack und ihrer Größe entsprechenden Tiere nicht herankommen, scheuchten sie aber aus dem Schlaf und verursachten manchen Unfall.

Außerdem stellten sich mit der Zeit Wanderratten ein. An den Ufern des Baches waren sie sowieso zu Hause. Das Futter in den Volieren lockte sie von dort ans Haus und an die Käfige, wo ich sie aus verschiedenen Gründen nicht haben wollte.

Da fiel mir ein, einmal gelesen zu haben, daß es eine Vogelart geben sollte, die Katzen und Ratten die Lust an ihrem Treiben vergehen ließ und diese gründlich verscheuchen würde: Perlhühner.

Sie wurden als die fabelhaftesten Wächter für Hof und Garten gepriesen, und nachdem mir ein alter Vogelliebhaber diese Geschichte bestätigte, beschloß ich, mir Perlhühner anzuschaffen.

Ich fand sie in eben jener Züchterei und Brüterei und kaufte fünf Küken.

Sie piepten leise vor sich hin und benahmen sich wie andere junge Hühnervögel auch. In der ersten Zeit hielt ich sie in einem Innenraum, aber als sie die Federn schoben und es draußen schön warm geworden war, setzte ich sie in einen ringsum geschlossenen Käfig unter einer riesi-

gen alten Fichte. Hier hatten sie Schutz vor Regen und Wind.

Es waren muntere und leicht zu versorgende Vögel. Sie wuchsen schnell heran, hielten untereinander eng zusammen und waren dem Menschen gegenüber sehr zahm. So beschloß ich bald, die Käfigtüre zu öffnen und sie in den Garten zu entlassen. Sie sollten mit dem Gelände vertraut werden, es als das ihre ansehen und es in Zukunft gegen unerwünschte Eindringlinge verteidigen. Wie sie das anstellen würden, das wußte ich allerdings noch nicht.

Es erwies sich zunächst als sehr praktisch, daß die Perlhühner am Abend von allein ihren alten Käfig aufsuchten, um auf den Sitzstangen zu übernachten. So richtig fliegen konnten sie noch nicht.

Tagsüber durchstreiften sie als kleine Schar den Garten, entfernten sich aber nie weit von ihrer ursprünglichen Behausung. Sobald es zu dämmern begann, strebten sie dem Käfig zu, richteten sich dort für die Nacht ein, und ich brauchte hinter ihnen nur noch die Türe zu schließen. So waren sie einstweilen vor Feinden sicher.

Während sie auf der Suche nach Futter über die Wiese spazierten, unterhielten sie sich mit sanftem Piepen und einigen anderen Lauten. Da gab es keine unangenehmen und lauten Töne.

Meine Meinung, daß dies so bleiben würde, erwies sich aber bald als Fehleinschätzung.

Sobald die Perlhühner richtig herangewachsen und damit voll flugfähig geworden waren, kümmerten sie sich nicht mehr um ihr bisheriges Nachtquartier. Sie erkoren die alte Fichte als Schlafplatz, verkrochen sich dort ganz oben zwischen den dichten Zweigen, zogen ihre Köpfe ein und verfielen in tiefen Schlaf.

Die Fichte stand genau vor meinem Schlafzimmerfenster, und abends und morgens konnte ich das Auf- und Abbaumen der Perlhühner genau verfolgen.

Ich wunderte mich etwas über diese Schlafgewohnheiten und fragte mich insgeheim, wie sie wohl ihre Wächterfunktion wahrnehmen mochten. Aber vielleicht waren sie einfach noch zu jung. Einstweilen taten sie weder etwas Sinnvolles in dieser Richtung, noch störten sie irgendwen. Ihre Nahrung suchten sie sich sowieso selbst, und daneben trugen sie zur Belebung im Garten bei.

Eines Sommermorgens wurde ich dann jäh aus meinem Schlaf gerissen.

Von der Fichtenspitze erklang ein fünffaches »tschaké tschaké tschaké tschaké«, schallend und scheppernd wie von Blechposaunen, und hörte gar nicht mehr auf. Ich starrte noch etwas umnebelt aus dem Fenster. Meine Perlhühner schrien sich die Seele aus dem Leib, und das offensichtlich ohne einen bestimmten Anlaß. Jedenfalls konnte ich weder eine Katze noch eine Ratte noch etwas anderes Fremdes auf dem Grundstück entdecken.

Meine Kinder, deren Zimmer zur anderen Seite des Gartens lagen, kamen angerannt. Selbst dort hatten sie das Getöse gehört und wollten sehen, welches Untier so laut schrie.

Endlich entschlossen sich die Perlhühner, auf die Wiese zu fliegen, um ihr Frühstück einzunehmen. Damit trat fürs erste wieder Ruhe ein.

Sie währte jedoch nicht lange. Offensichtlich höchst erfreut über ihre neuentdeckte Stimmbegabung, tschakéten die Hühner nun mehrmals am Tage, wobei sie ihre Hälse langmachten und die Schnäbel zum Himmel reckten. Am schlimmsten ging es aber am Abend nach dem Aufbaumen und morgens nach dem Aufwachen zu. Da konnten sie sich gar nicht mehr beruhigen und riefen und riefen und riefen.

Es schien, als wollten sie sich Mut machen für den Schlaf in der Nacht und für das Herunterfliegen am Morgen.

Diese Stimmen gingen einem auf die Nerven. Wenn *das* die Methode war, mit der Katzen und Ratten aus der Gegend vertrieben werden konnten, dann zweifelte ich nicht am Erfolg. Nur: in der Zeit, in der sich die ungebetenen Gäste im Garten herumtrieben, in der Nacht nämlich, schliefen die Perlhühner den Schlaf der Gerechten, gaben keinen Mucks von sich und konnten auch überhaupt nicht mitbekommen, wer sich unter ihnen zu schaffen machte.

Ich hielt einstweilen dem Hühnervolk immer noch seine Jugend zugute, aber etwas mußte geschehen, wenn nicht die ganze Familie samt Gästen des Hauses über kurz oder lang einen Nervenzusammenbruch erleiden sollte.

Der Garten war groß. Am einfachsten erschien es mir daher, in der entgegengesetzten äußersten Grundstücksecke eine neue Voliere für die Schreihälse zu bauen. Das war schnell getan, und ich fing die Fünf ein und sperrte sie in ihre neue Behausung. Dort ließ ich sie zunächst auch, damit sie sich die veränderte Umgebung betrachten konnten, und beschloß, sie erst nach etwa drei Wochen wieder freizulassen. Es gab da auch genügend alte und hohe Bäume, auf denen sie sicher einen ebenso schönen Schlafplatz finden würden wie auf der Fichte.

Als es soweit war, machte ich die Käfigtüre auf und wartete, daß die Perlhühner herausspazieren würden. Es kam aber anders.

Wie auf ein Kommando schossen die Vögel durch die Türe in die Freiheit, schrieen »tschaké tschaké tschaké« und stoben in die Luft um das Haus herum zu ihrem alten Platz, wo sie, sichtlich zufrieden mit sich und der Welt, zu fressen anfingen. Am Abend hockten alle wieder auf der Fichte.

Also fing ich sie am anderen Tag erneut, packte sie zum zweiten Mal in den Käfig am anderen Gartenende und schloß die Türe ganz fest zu.

Ich machte mir inzwischen ernsthafte Gedanken darüber, wie diese Perlhühner zu Haustieren werden konnten. Aus ihrer westafrikanischen Heimat wurden sie zur Zeit der großen Entdeckungsreisen von den Portugiesen nach Amerika und Europa gebracht, hatten aber schon in der Antike die Hühnerhöfe und die Tafeln bereichert. Sie mochten ja vielleicht gut schmecken, aus eigener Erfahrung konnte ich mir noch kein Urteil erlauben, aber wer immer sie sich in der Nähe seines Hauses über längere Zeit gehalten hatte, der mußte verrückt geworden sein.

Dieses hirntötende Gegacker den ganzen lieben langen Tag über war ja viel eher dazu angetan, den Menschen aus seinem Haus zu vertreiben als Ratten und anderes Ungeziefer.

Wir jedenfalls hatten zunächst einmal Ruhe.

Aber die Perlhühner schienen auch auf andere Weise, nicht nur schreiend, diese Ruhe stören zu wollen.

Als ich eines Tages in der Früh mit meinen Futtereimern bewaffnet in den Garten kam, um die Fütterungsrunde zu machen, sah ich schon von weitem in der Voliere der Perlhühner etwas Rötliches. Die Sicht war mir noch etwas verdeckt durch etliche Büsche und Blumen, aber schon nach wenigen Schritten wußte ich: da saß ein Fuchs im Käfig!

Ich ließ die Eimer sausen, raste zurück ins Haus, griff mir meine Flinte aus dem Schrank, pfiff meinem Hund und galoppierte wieder hinaus.

Der Fuchs war ein Spitz.

Der fuchsfarbene Spitz eines Nachbarn saß da in meinem Hühnerkäfig und blinzelte mir treuherzig entgegen. Er hatte sich unten durchgegraben und, wie mir ein einziger Blick deutlich machte, vier Perlhühner umgebracht und dreieinhalb davon aufgefressen.

Danach hatte er einen so dicken Bauch bekommen, daß er durch sein eigenes Loch nicht mehr hinaus konnte. Das letzte lebende Huhn drückte sich völlig verschüchtert und verstört in der hintersten Ecke und rührte sich nicht. Nur schwache Atembewegungen verrieten, daß es noch am Leben war.

Natürlich konnte ich den Hund nicht erschießen. Ich verhaute ihn aber gehörig mit dem halben Perlhuhn, und erst, als er dermaßen erbärmlich jaulte, daß es im halben Dorf zu hören war, jagte ich ihn davon. Der Besitzer mußte mir dann vier Perlhühner bezahlen. Lebendig wurden sie davon nicht mehr.

Ich untersuchte das Übergebliebene und konnte keine Bißwunden oder andere Verletzungen entdecken. Es hatte nur einen gewaltigen Schock abbekommen.

Nachdem der erste Zorn über den mordenden Spitz verraucht war, stellte sich eine allgemeine Befriedigung darüber ein, daß im Garten wieder Ruhe herrschte.

Daß die Perlhühner nicht einmal diesen kleinen Hund vertreiben konnten, der ja schließlich einige Zeit benötigt haben mußte, um zu ihnen vorzudringen, ließ mich endgültig an der Mär ihrer Wächtertätigkeit zweifeln.

Das verbliebene Huhn erholte sich nach ein paar Stunden von seinem Schock. Da es mir so alleine am Ort des grausigen Geschehens leidtat, ließ ich es laufen. Es kehrte sofort in den Gartenteil zurück, wo es mit seinen Geschwistern die erste Lebenszeit verbracht hatte, und streifte futtersuchend und einsam in der Wiese umher. Dabei blieb es stumm. Die Ereignisse der schlimmen Nacht mußten ihm die Stimme geraubt haben. Aber nicht für lange.

Nach etwa vierzehn Tagen ertönte erneut das »tschaké tschaké tschaké«, lauter und nervtötender als je zuvor. Und fast pausenlos von früh bis spät.

Das Huhn schien entschlossen, Artgenossen herbeizurufen, und wenn es bis Afrika zu hören war.

»Warum drehst du ihm nicht den Hals um?« sagte Julian schließlich. Das fiel mir schwer. Aber kurz danach traf mich doch beinahe die Schuld an seinem Ableben.

Ich hörte es eines Morgens gegen halb vier ganz fürchterlich gackern und schreien, lief zum Fenster und sah dem Huhn gegenüber fast auf Tuchfühlung eine Krähe sitzen, die versuchte, ihm an den Kragen zu gehen.

Einen solchen erneuten Eingriff von Dritten in meinen Hühnerbestand konnte ich nicht dulden, holte mein Kleinkalibergewehr, legte auf dem Fensterbrett auf, zielte nach der Krähe und schoß.

Die Krähe flog weg, und das Huhn fiel um.

Man soll eben nicht direkt aus dem Bett auf die Jagd gehen.

Als ich mir das Huhn im Garten näher ansah, stellte ich fest, daß es nicht tot war. Die kleine Kugel hatte es lediglich im Nacken gestreift, worauf es offenbar einen neuen Schock erlitten haben mußte. Auch von diesem erholte es sich innerhalb kürzester Zeit. Und wieder blieb ihm die Stimme weg.

Die Kinder amüsierten sich mächtig über meine Schießkünste, aber ich meinte, ich könne doch nicht ständig dieses einsame Perlhuhn in akute Lebensgefahr bringen, damit es für eine Weile seinen Schnabel hielt.

Meine Tochter hoffte, daß der Streifschuß möglicherweise für die Lautgebung notwendige Teile verletzt haben könnte und wir damit ein für allemal von dem Gegacker befreit worden sein mochten.

Doch dem war nicht so.

Alles fing nach kurzer Zeit von vorne an. Das Perlhuhn erholte sich gänzlich, erhob seine gewaltige Stimme wie zuvor und raubte allen Schlaf und Wohlbefinden. Ich will es nun kurz machen. Die Aera der Perlhühner auf meinem Grundstück endete unrühmlich, und zwar für beide, die an diesem Ende beteiligt waren, für mich und für das letzte Huhn.

Ich war im Garten mit irgend etwas beschäftigt. Was genau dies war, vermochte ich im nachhinein nicht mehr zu rekonstruieren. Jedenfalls erforderte es meine ganze Konzentration, und die wurde erheblich dadurch vermindert, daß unser Perlhuhn zwei Meter neben mir stand und ununterbrochen vor sich hin tschakéte. Um es zu verjagen, griff ich schließlich eine von meinen Holzsandalen und warf sie in Richtung Huhn. Ich mußte es am Kopf erwischt haben, denn diesmal streckte es sich aus und gab auf der Stelle seinen Geist auf.

Entgegen meiner sonstigen Gewohnheiten, was die eigenen Tiere betraf, rupfte ich es und verspeiste die irdischen Reste. Es schmeckte hervorragend. Und das war, rückblickend, eigentlich die einzige wirklich positive Erfahrung, die ich mit Perlhühnern machen konnte.

August

Die Wildschweinbache mit ihren drei Tage alten Frischlingen war auf einer Lichtung im Buchenwald damit beschäftigt, den Erdboden umzuwühlen, um an Käferlarven und anderes Freßbares zu kommen. Als lärmende Ausflügler der Schweinefamilie zu nahe kamen, wurde es der Bache ungemütlich, und sie ergriff die Flucht.

Der kleinste Frischling, der Benjamin gewissermaßen, begriff nicht sofort, was los war, und kam etwas in Verzug. Dann stürzte er um so eiliger hinter seiner Mutter und den Geschwistern her. Die Bache stob in eine Dickung und setzte über einen im letzten Herbst ausgehobenen tiefen und steilwandigen Entwässerungsgraben, der aber jetzt trocken war. Ihre Frischlinge sprangen hinterher und erreichten alle heil die andere Seite. Nur Benjamin in seiner Hast kam nicht zurecht und fiel hinein.

Er fing sofort an, lauthals zu quieken, versuchte die steilen Wände erfolglos zu erklimmen und schrie immer lauter. Die Bache war längst über alle Berge.

Dafür hörten ein paar Waldarbeiter das Gejammere des Frischlings und schauten nach, was da los war. So fanden sie ihn.

Etwa derart muß sich die Geschichte abgespielt haben. Was dem Frischling da passiert war, war das Schlimmste, das einem Schweinchen in den ersten Lebenstagen zustoßen kann. Verpaßt es den Anschluß an die Mutter, ist es hilflos seinen Feinden ausgeliefert oder verhungert. Die Männer befreiten den kleinen Kerl aus seiner mißlichen Lage und hielten ihn so fest, daß ihm alles Gestrampel und Quieken wenig half. Schließlich beruhigte er sich und drückte sich an die warme Jacke des Waldarbeiters.

Wäre das Schweinchen schon etwas größer und fetter

gewesen, wäre es wohl in den Kochtopf gewandert. So aber war nichts dran an ihm, und die Männer überlegten, was sie mit ihm anfangen sollten. Sie ratschlagten hin und her, und einem von ihnen fiel dann ein, daß es da einen Menschen gab, einen etwas verrückten Zoologen, der alles Getier in Pflege nahm, das man ihm anbrachte, gesund oder verletzt.

Der Verrückte war ich, man rief mich an, ich holte natürlich den Frischling ab und wurde von einer Minute zur anderen eine Muttersau.

Ich hatte in der Vergangenheit schon viele Vogelarten und verschiedene Säugetiere gepflegt und auch aufgezogen, ein Wildschwein allerdings noch nicht. Die allererste Frage bei der Übernahme eines Pflegekindes ist immer die nach der richtigen Nahrung. Junge Vögel und manche Säugetiere sind da recht heikel, und das Falsche kann sehr schnell zu Durchfall und Magen-Darm-Erkrankungen führen.

Bei meinem Frischling löste ein Tierarzt, bei dem ich mir Rat holte, die Sache sehr schnell und einfach, indem er sagte: »Geben Sie ihm doch Ferkelaufzuchtmilch!« Also beschaffte ich mir Ferkelaufzuchtmilch, verdünnte das Pulver laut Gebrauchsanweisung mit Wasser, füllte eine Babyflasche voll und hielt sie dem Frischling vor seine Schnauze.

Wupp – packte der zu, sog auf Teufelkommraus, und bevor ich recht begriff, war die Flasche leer.

Das also funktionierte hervorragend.

Die zweite Frage bei der Übernahme eines Pflegekindes ist die nach der richtigen Unterbringung.

Einen nesthockenden Jungvogel gibt man in ein Kunstnest und versorgt ihn, wenn er es noch nötig hat, etwa mit einer Wärmelampe, damit er nicht unterkühlt. Nestflüchter unter den Vögeln setzt man in einen kleinen Auslauf, aus dem sie nicht entweichen können.

Ähnlich geht es bei nesthockenden Säugern, jungen Kaninchen zum Beispiel, Eichhörnchen oder Katzen. Auch diese sind zunächst in einem warmen Nest zufrieden und gut aufgehoben.

Ein junges Wildschwein nun will absolut nur das eine: dicht bei der Mutter bleiben, und das aus anfangs geschildertem Grund.

Der Frischling machte mir das gleich deutlich. Er wich nicht von meiner Seite beziehungsweise von meinen Beinen, und sowie ich Anstalten machte, ihn allein zu lassen, quiekte er wie am Spieß.

Dieses Quieken klingt ganz genauso, wie man es von Hausferkeln auf einem Bauernhof kennt, und geht einem durch Mark und Knochen.

Da ich fand, daß der Frischling satt sein müsse und nach der ganzen Aufregung Ruhe brauchen würde, packte ich ihn in eine mit Stroh gefüllte Kiste im Tierzimmer und ging in den Garten. Die Türe des Zimmers lehnte ich nur an, um einerseits die Lautstärke des Quiekens zu dämpfen, andererseits doch noch mitzubekommen, wenn sich im Zimmer Dramatisches abspielen sollte.

Es war ein schöner Tag Ende April. Ich genoß den Kaffee und die Sonne. Meine Tochter saß mit am Tisch und trank Apfelsaft, und dann hörte ich sie sagen: »Ach schau mal, da kommt ja August!«

Wirklich, um die Hausecke bog das Schweinchen August, das damit seinen Namen weg hatte. Er mußte aus seiner Kiste herausgesprungen sein und die Türe geöffnet haben. Der Ausdruck »er kommt« traf allerdings nicht die Sache.

August schoß wie eine Kanonenkugel um die Ecke. Sein gestreiftes Frischlingsfell war vor Aufregung gesträubt, und natürlich pfiff und quiekte er, so laut er konnte. Dann hatte er uns entdeckt, und sein hohes Gejammere des Verlassenseins ging in die Laute der Begrüßung über. Das klang etwa wie »quiek-quiek-quiek-guig-going-going-grong-grong-grong«. Seine Begrüßung bestand aus tiefen grunzartigen Lauten, aus denen Zufriedenheit und Geborgenheit herauszuhören waren.

Und dann schubbelte er seinen Körper an meinem Bein. Er war ja wirklich noch winzig und hatte fast auf meiner Hand Platz.

Wie so völlig anders sah er aus als die bis auf ein paar Haare rosigen, nackten Hausschweinchen mit ihren Hängeohren und Ringelschwänzen und der schwabbeligen Haut.

Sein Fell war dicht, die Ohren standen aufrecht, das Schwänzchen steif nach hinten weg. Und an überflüssiger Haut war da gar nichts. August konnte man nicht am Nackenfell aufheben wie einen jungen Hund. Unter seinem Fell waren trotz seiner Jugend schon stramme Muskeln, die sich anspannten, sobald man zulangte. Die einzige Möglichkeit, ihn hochzunehmen, war die, daß man mit der Hand unter seinen Bauch griff und ihn hochhob. Sein Körper fühlte sich an wie ein prall aufgeblasener Ball.

Sein Bedürfnis, ständig bei mir zu sein, war rührend, aber auf die Dauer nicht durchführbar. Ich mußte ja auch einmal arbeiten oder zu anderen Zwecken von ihm fort, und da er dann jedesmal ein herzzerreißendes Gequieke anstimmte, sann ich auf Abhilfe.

Ich hatte damals zwei Hunde, einen Deutsch-Drahthaar und einen Cocker, die, wenn sie nicht durch den Garten tobten oder mich auf Spaziergängen begleiteten, einen großen Zwinger bewohnten mit einer schönen großen Hundehütte, auf deren Dach sie sich ausstrecken konnten, wenn das Wetter danach war.

Warum eigentlich sollte ich nicht August zu diesen beiden in den Zwinger geben?

Die Hunde waren daran gewöhnt, Tiere aller Art in Hof und Garten zu dulden und sie nicht als Jagdbeute zu betrachten. Sie hatten natürlich auch schon längst mit ihren feinen Nasen den Neuankömmling wahrgenommen. Seine Stimme konnten sie sowieso nicht überhört haben.

Die erste direkte Begegnung zwischen den Dreien sollte aber nicht im Zwinger stattfinden, sondern im Garten, damit die Möglichkeit zum Ausweichen blieb, wenn sie sich doch nicht vertragen würden.

Ich stand auf, um die Hunde herauszulassen, August kam hinterher.

Am Zwinger betrachtete er dessen Insassen, schnob ein paarmal geräuschvoll durch die Nase, schien sich im übrigen aber nicht zu fürchten. Also machte ich die Türe auf.

Die Hunde schossen freudig heraus, sprangen einfach über August weg und rasten in den Garten. Vielleicht wurde August durch den Drahthaar der Größe und Farbe nach an seine Mutter erinnert, denn es dauerte nur Sekunden, bis er den Hunden nachlief und sich mitten ins Getümmel stürzte.

Dieses Herumrennen gefiel ihm sichtlich. Er versuchte, bald den einen bald den anderen der Hunde einzuholen, um ihm dann von der Seite kommend einen Rammstoß mit seinem Kopf zu versetzen.

Die Hunde ihrerseits waren offenbar auch entzückt über den neuen Spielgefährten. Jedenfalls versuchten sie, ihn nach Hundeart umzuschmeißen. Aber schmeiß einmal einer einen prallen Ball um! August, wenn er überhaupt das Gleichgewicht verlor, war so schnell wieder auf seinen Beinen, wie man nur denken konnte, und puffte und knuffte nach allen Richtungen. Oder er sprang mit allen Vieren in die Luft und über die Hunderücken einfach weg. Dann wieder stob er davon, schlug Haken wie ein Hase, und die Hunde japsten mit hängenden Zungen hinter ihm her, bis endlich alle Drei total erschöpft ins Gras sanken.

Es gab offenbar keine Gefahr, wenn ich diese Bande im Zwinger zusammenließ. Sie schienen sich hervorragend

zu verstehen. August würde Gesellschaft haben und mich für eine Weile vergessen.

Nachdem August seine dritte Flasche Ferkelmilch an diesem Tag vertilgt hatte, gab ich ihn also in den Zwinger. Nun ging's aber los.

Offenbar schon wieder erholt von der Toberei kurz zuvor und frisch gestärkt, nahm er sich die Hunde vor, als wären sie Sandsäcke. Nach kurzer Zeit wurde denen das zuviel, und sie flohen auf das Dach ihrer Hütte.

Da oben waren sie sicher, denn das Hüttendach war für Kleinaugust noch nicht erreichbar. Sie ließen die Ohren hängen und japsten. August, unten, kaum halb so groß wie der Cocker, blinzelte mit seinen kleinen Schweineaugen zu ihnen hinauf und war eindeutiger Sieger.

In den kommenden Tagen hatten die Hunde ein schweres Leben. August war ein einziges Energiebündel und gab selten Ruhe. Die meiste Zeit verbrachten die Hunde auf ihrem Hüttendach, und erst als der Drahthaar, dem die Sache zu dumm wurde, wirklich ernsthaft und nachdrücklich knurrend und schnappend über August herfiel, verschafften sie sich für eine Weile Respekt.

August war ein schlaues Kerlchen. August lernte sehr schnell und merkte sich gute oder schlimme Erlebnisse sofort. Er konnte nur sehr viel mehr aushalten und vertragen als ein Hund.

Gab ich ihm zum Beispiel einen Klaps, weil er frech war, registrierte er das überhaupt nicht. Bekam er eine handfeste Watschn, fand er die nur komisch und hielt sie für eine Aufforderung zum Raufen. Man mußte bei ihm schwerere Geschütze auffahren, um sich durchzusetzen und ihm zu zeigen, daß man es ernst meinte. Wildschweine gehen untereinander auch nicht zimperlich um. Ihre feste Haut schützt sie vor Knuffern und Hieben. Was einem Hund längst wehtun würde, ist für sie der größte Spaß.

Es war daher zu verstehen, daß Augusts Methoden des Spielens und Raufens meinen Hunden wenig Vergnügen bereiteten. Aber ich selbst hatte auch Mühe, mich bei ihm durchzusetzen, und brauchte einige Zeit, um zu begreifen, wie mit einem Keilerchen zu verfahren war.

Augusts Begrüßung bestand nicht nur in einem freudigen »going going grong grong grong«-Grunzen, sondern anschließend darin, daß er einen mit seinem Nasenteller ein paarmal anstubste. Die Kinder nannten dieses Verhalten ›stempeln‹.

August kam also nach jeder noch so kurzen Trennung einem an die Beine und stempelte. Da man meist eine Hose anhatte und Augusts Nase vom Wühlen im Boden schmutzig war, bekam man schmutzige Hosen. Das mehrmals täglich.

Ich mußte ihm das entweder abgewöhnen oder mir ein Hosenlager von mehreren Dutzend zulegen.

Zunächst versuchte ich August das Stempeln auf die

sanfte Tour mit Klaps zu verbieten, selbstverständlich ohne Erfolg. Die Watschn half auch nichts, ebensowenig ein derber Boxer mit der Faust.

Da erinnerte ich mich an ein Erlebnis in einem Tiergarten, das ich vor einigen Jahren beobachten konnte. Da war eine Bache mit einer Schar von Frischlingen, die sich an einem schattigen Plätzchen zur Ruhe niedergetan hatte. Die Kleinen spielten um sie herum ihre Spiele, nur ein Frischling wollte unbedingt mit der Bache selbst sein Vergnügen haben. Er turnte auf ihrem Rücken, rutschte einmal links, einmal rechts den Buckel herunter, und zwischendurch nahm er sich Mutters Ohr vor, um kräftig daran zu zerren.

Muttern wollte ihre Ruhe haben und grunzte einige Male mißgelaunt. Dieses Gegrunze verstärkte sich bei jeder Attacke ihres Sprößlings. Schließlich schüttelte sie heftig ihren massigen Schädel, wenn der Frischling wieder ihr Ohr im Griff hatte.

Nichts half, der Kleine ließ nicht ab.

Endlich wurde es der Alten zu dumm. Wie der ungeratene Sohn eben wieder auf ihrem Kopf turnte, schob sie ihre lange Schnauze blitzschnell unter ihn, und mit einem gewaltigen Wurf feuerte sie ihn durch die Gegend, daß er ein paar Meter entfernt unsanft im Schlamm landete. Da blieb er verdutzt sitzen, schüttelte sich einmal und schlich dann sichtlich belehrt und zerknirscht zurück, um sich brav und friedlich an der Seite seiner Mutter niederzulegen.

So also verfährt man in Schweinekreisen mit unartigen Kindern.

Und so ähnlich mußte ich das auch machen.

Ich hatte Gummistiefel an, als August das nächste Mal zum Stempeln kam. Mit einem Fuß fuhr ich unter seinen Bauch und schubste ihn recht kräftig durch die Gegend. Auch er flog ein paar Meter durch die Luft und landete nicht eben weich auf dem Kiesweg. Und diese Lektion saß.

Nie wieder wurde ich von August gestempelt. Andere schon, weil niemand außer mir so unsanft mit ihm umgehen mochte, aber von meinen Hosenbeinen hielt er künftig Abstand und stempelte ins Leere.

Eine Schweinenase ist ein ausgezeichnetes Organ, das die verschiedenen Düfte und Gerüche in der Umwelt wahrnimmt, auch wenn sie von verborgenen Quellen unter der Erde kommen oder durch Gegenstände verdeckt sind. Der äußere Nasenteil ist jenes steckdosenartige Gebilde, in dessen Mitte etwa die Nasenlöcher liegen. Immer feucht und glänzend trägt es am oberen Teil einen wulstigen, lederartigen und harten Rand, mit dem es sich so wunderbar durch die Erde pflügen läßt. Einerseits ist die Nase eines Wildschweins also ein sehr empfindliches Geruchsorgan, aber gerade dieser derbe obere Rand vermag erstaunliche mechanische Arbeit zu leisten. Später, wenn wir hier von August Abschied nehmen müssen, wird davon noch zu lesen sein. Einstweilen hatten wir alle unsere Freude mit ihm. Sein Zusammenleben mit den Hunden hatte sich so weit eingespielt, daß er sie in Frieden ließ, wenn sie ihn anknurrten, sie aber ansonsten gut miteinander auskamen. August war viel mit den Hunden im Zwinger. Sobald es ging, ließ ich ihn aber heraus, und er durfte sich auf dem Grundstück vergnügen, balgte sich mit den Kindern oder machte Jagd nach Regenwürmern, Engerlingen und sonstigen wohlschmeckenden Speisen, wobei er mit seiner Babyschnauze noch nicht allzuviel Schaden anrichten konnte.

Das größte Vergnügen für alle Beteiligten war ein gemeinsamer Spaziergang durch den Wald oder über die Felder.

Um dorthin zu gelangen, mußten wir mit dem Auto fahren, denn mit August und den Hunden durch das Dorf zu Fuß zu gehen war doch etwas gefährlich wegen der Autos und der vielen fremden Hunde.

In meinem Auto hatten die beiden Hunde ihren Platz

hinten. August saß vorne vor dem Beifahrersitz. Zunächst wollte er natürlich *auf* dem Beifahrersitz mitfahren, um hinausschauen zu können. Ich war aber nie sicher, wann er mir auf den Bauch springen würde, wenn ihn die Sehnsucht nach ein paar Streicheleinheiten überkam, und fand es aus diesem Grund sicherer für beide, wenn er unten Platz nehmen würde.

Bei meinen verschiedenen Hunden hatte ich dieses ›du sollst unten bleiben, runter vom Sitz-Spiel‹ schon mehrfach erlebt. Es ist nicht ganz einfach, es ihnen beizubringen. Solange nämlich Herrchen zu sehen oder zu riechen ist, bleiben die meisten Junghunde brav unten. Sobald sie, besonders bei längerer Abwesenheit im geparkten Auto, die Einsamkeit übermannt, springen sie dann doch auf den Sitz und halten nach Herrchen Ausschau.

Ganz Schlaue verdrücken sich still wieder hinunter, sobald sie einen erblicken, wohl wissend, daß es sonst Strafe oder ein Donnerwetter gibt.

Ich konnte sie aber alle dadurch überlisten, daß ich nur so tat, als würde ich vom Auto weggehen, in Wirklichkeit blieb ich aber geduckt davor hocken. Wenn dann mein Hund auf den Sitz kam, riß ich wie deus ex machina die Türe auf und schimpfte gewaltig. Das führte stets zum Erfolg. Bei August war solches nicht nötig.

Ihn warf ich nur einmal sehr unsanft vom Sitz, und damit hatte er kapiert, wo er bleiben sollte.

Er saß auch mäuschenstill und artig und legte nur seinen Kopf auf den Beifahrersitz. Spätestens nach der dritten Fahrt hatte er nämlich verstanden, wohin diese Fahrt ging. Die Fahrt ging in den Wald, und den Wald fand August viel spannender als den Garten, den er inzwischen gut kannte. Freilich wäre er niemals alleine in den Wald gegangen, ohne mich oder wenigstens einen der ihm vertrauten Hunde. Er fühlte sich dort nur wohl, wenn wir in der Nähe waren, und wehe, er verlor uns einmal.

Am Wald angekommen, parkte ich das Auto in einer Schneise. Die Hunde, schon längst unruhig und aufgeregt, brachen in lautes Gejaule aus und tobten auf den Rücksitzen herum. August hob nur seinen Kopf ein wenig und verhielt sich weiterhin gesittet.

Wenn ich die hintere Türe aufmachte, fielen und kugelten die Hunde heraus und wären sofort im Gebüsch verschwunden, wenn sie nicht ein scharfer Pfiff von mir zurückgehalten hätte. Sie konnten sich aber kaum bremsen, denn für sie roch es in erster Linie nach allem möglichen Wild, und da es ja Jagdhunde waren, stand Wild in ihrem Interesse vornan.

August dagegen stieg völlig gelassen aus, blieb erst einmal an meinen Beinen stehen, hob seinen Kopf und nahm Wind.

Dann setzten wir uns alle in Bewegung, die Hunde immer voraus, aufgeregt schnüffelnd und wedelnd und dauernd durch mich mit Pfiffen oder Worten ermahnt, nicht auf und davon zu preschen.

August blieb strikt bei Fuß. Schon, daß er einmal einige Meter vorauslief oder hinterhertrödelte, weil ihn irgend etwas zu genaueren Untersuchungen veranlaßte, aber auch wenn ich mich nicht im geringsten um ihn gekümmert hätte, wäre er niemals seiner eigenen Wege gegangen.

Da waren die Hunde viel mühsamer im Zaum zu halten. Begleitete uns einmal ein Freund, mit dem ich mich unterhielt und dadurch den Hunden gegenüber an Aufmerksamkeit nachließ, nutzten diese das sofort aus und verschwanden auf einer Reh- oder Hasenfährte. Kehrten sie dann nach einigen Minuten zurück, sah man ihnen das schlechte Gewissen schon aus der Entfernung an.

Die letzten Meter zu mir kamen sie mehr gekrochen als gegangen in Erwartung der Strafpredigt. Wenn ich mich völlig auf die Hunde konzentrieren konnte, unterblieben solche Ausreißereien fast immer.

Die Hunde hatten sicherlich niemals Angst, mich nicht mehr zu finden, wenn sie von der Jagerei genug hatten und zurückkommen wollten. Sie dachten darüber auch nicht nach, sondern wußten einfach aus Erfahrung, daß sie mich mit Hilfe ihrer guten Nasen und auch einer gewissen Ortskenntnis immer wieder erreichen konnten. Ein unerfahrener Welpe würde auch niemals alleine in eine ihm unbekannte Gegend laufen, aus genau dem gleichen Grund, aus dem August dies nicht tat und den ich zu Anfang schon beschrieb. Den Anschluß an die Mutter und die Geschwister zu verlieren wäre das sichere Ende. Also blieb August eigentlich immer in Sichtweite. Dabei beschäftigte er sich aber intensiv mit seiner Umgebung. Dauernd war er am Schnüffeln und Wühlen, denn der Waldboden gab einiges an Freßbarem preis. Da fand er neben Würmern, Maden und Schnecken auch schon einmal ein Nest mit jungen Mäusen, eine tote Spitzmaus am Wegrand oder einen aus dem Nest gefallenen Jungvogel. Alles wurde genüßlich verspeist, denn längst schon nahm August neben der Milch aus der Flasche auch feste Nahrung zu sich. Er war auch gewachsen, hatte den Cocker in der Größe fast eingeholt und verlor langsam sein gestreiftes Frischlingsfell.

Wollte ich August ärgern, dann brauchte ich mich nur zu verstecken, wenn er einmal etwas länger als üblich hinter mir zurückgeblieben war, um einen besonders ergiebigen Nahrungsbrocken in Ruhe fressen zu können. Ich sprang dann vom Weg ab seitlich in den Wald und versteckte mich hinter einem dicken Baumstamm.

Nach kurzer Zeit erschien mein Schweinchen dort am Wege, zunächst noch nichts Böses ahnend, und trabte vorüber. Schnell aber wurde es gewahr, daß da keiner mehr vor ihm ging, und schon begann es sein Quieken des Verlassenseins, stutzte, äugte nach allen Richtungen, und die Verzweiflung übermannte es völlig.

Dieses durchdringende Hilfegeschrei müßte eigentlich sämtliche Liebhaber von Frischlingsfleisch auf den Plan rufen. Zumindest in früheren Zeiten waren da ja Bär, Wolf, Luchs und Fuchs. Heute ist nur noch der Fuchs von ihnen übergeblieben. Man fragt sich also, ob die Natur das so klug eingerichtet hat. Aber natürlich würde im Normalfall auch die Bache dies Quieken noch hundert Meter und weiter vernehmen, sofort umkehren und zu ihrem verlorengegangenen Kind eilen. Könnte sie aus irgendeinem Grund nicht zurückkommen, dann wäre es sowieso gleichgültig, ob sich ein Freßfeind früher oder später einstellt. Der Frischling wäre auf jeden Fall verloren.

August versuchte auch nicht von sich aus, mich wiederzufinden, er blieb an Ort und Stelle stehen und schrie. Ein Hund würde wenigstens zunächst den Versuch machen, die Spur mit seiner Nase aufzunehmen oder einen ihm bekannten Weg zu verfolgen in der Hoffnung, Herrchen einzuholen.

Ein Frischling tut das nicht.

Ich hielt sein Jammern auch nie recht lange aus und gab mich bald zu erkennen, worauf eine stürmische Begrüßung folgte, während der August nicht aufhören wollte, mir seine Liebe zu beweisen, indem er um mich herumhüpfte, in die Luft stempelte und sich mit seinen Körperseiten an meinen Beinen rieb wie eine verschmuste Katze. Da ich bei Spaziergängen dieser Art alte Jeans oder Lederhosen trug, waren ihm Körperkontakte dann erlaubt, die er weidlich ausnutzte.

Sobald er seinen Begrüßungsrausch ausgetobt hatte, wurde er gleich wieder frech. Vielleicht meinte er auch, er müsse mich für mein Verschwinden bestrafen.

Er fing an, meine Beine mit seitlich nach oben geführten Kopfhieben zu bearbeiten, was mir weder wehtat noch sonstige negative Eindrücke hinterließ. Aber was er da eben noch spielerisch ablaufen ließ, würde später recht unangenehm werden.

Den Wildschweinen wachsen die oberen und unteren Eckzähne seitlich und nach oben gerichtet, wenn die Tiere heranwachsen, aus dem Maul heraus. Diese Zähne, die sich gegeneinander abschleifen, werden nicht nur als Waffen bezeichnet, es sind tatsächlich gefährliche Waffen. Ein seitlicher Hieb mit dem Schädel und diesen Zähnen kann einem Gegner, der weniger gut gepolstert ist, ohne weiteres den Bauch oder die Flanke aufschlitzen. Auch die Keiler tragen untereinander Schmisse davon, wenn sie in der Rauschzeit, der Zeit der Paarung, aneinander geraten und sich bekämpfen. Bei ihnen werden die Eckzähne mit zunehmendem Alter besonders lang und gefährlich.

August nun hatte überhaupt noch nichts in seinem Mäulchen außer winzigen Eckzahnstummelchen, die außerdem von den Lippen vollständig verdeckt blieben. Er besaß noch sein Milchgebiß, und damit konnte er niemandem Schaden zufügen.

Die Bewegungen, mit denen er später seine Hauer zum Einsatz bringen würde, waren aber bereits völlig ausgebildet.

Also stand er übermütig neben meinem Bein und hieb mit seiner Schnauzenseite dagegen.

Anfangs war mir nicht gleich klargeworden, was dieses Verhalten sollte und welche Absicht August damit verfolgte. Aber weil er dabei gar so grimmig zu Werke ging und sein Gesichtsausdruck sich gegenüber wirklichen Spielereien veränderte, dämmerte es mir bald, daß seine Absichten nicht so ganz freundlich waren.

Und als ich das begriffen hatte, fing ich an, mich dagegen zu wehren, gab August mit den Fußspitzen seine Hiebe zurück und drängte ihn mehr und mehr in die Verteidigung. Ich mußte rechtzeitig verhindern, daß August mit dieser Art des Kampfspiels weitermachte, wenn er größer wurde und damit auch längere Hauer bekommen würde. Er konnte ja nicht wissen, daß die Haut meiner Beine sich nicht vergleichen ließ mit der Schwarte einer Wildsau. Für ihn war ich eine Wildsau, und er verhielt sich lediglich seiner Art entsprechend.

Selbst einem so lernfreudigen und nach menschlichem Ermessen intelligenten Tier wie einem Schwein ist es schwer beizubringen, angeborenes artgemäßes Verhalten zu unterlassen. Darin liegen die Gefahren, die besonders beim Zusammenleben mit handaufgezogenen Tieren, die kräftemäßig dem Menschen überlegen sind, auftreten. Setzen sie beim Kampf – und sei der auch nur spielerisch – Waffen ein, über die der menschliche Gegner nicht verfügt, dann wird es kritisch.

Genau aus diesem Grund werden zum Beispiel zahme Rehböcke zur Gefahr.

Im spielerischen oder auch ernsthaften Kampf mit einem Artgenossen drücken Rehböcke ihr Geweih gegen das des Gegners, schieben und drücken gegeneinander, verletzen sich aber in der Regel nicht. Zwar gibt es schon einmal »Ausrutscher«, bei denen dann einem der am Kampf Beteiligten eine Geweihsprosse auch tödliche Verletzungen zufügen kann, normalerweise bestehen aber derartige Auseinandersetzungen in einem Messen der Kräfte, und der Unterlegene ergreift schließlich die Flucht.

Für einen zahmen, handaufgezogenen Rehbock ist der Mensch auch ein Rehbock, genau wie ich für August ein Wildschwein war. Und der zahme Bock benutzt schon sein erstes Geweih, um es gegen den Menschen einzusetzen. Seine Rammstöße treffen aber dann nicht auf ein anderes Geweih, sondern auf den höchst ungeschützten Bauch seines Gegenübers. Solche Begegnungen sind oft genug böse für den Menschen ausgegangen.

Ich habe selbst einmal einen zahmen Rehbock gehabt

und versucht, ihm im ersten Frühjahr, in dem er seine ersten spitzen Spieße geschoben hatte, das Zustoßen auszutreiben. Aber nur durch sehr heftige Gegenwehr mit einer langen Haselrute, die ich ihm um die Ohren haute, erreichte ich einen Teilerfolg: Mich ließ der Bock künftig in Ruhe, andere ihm bekannte Personen aber nicht. Daher mußte ich mich von ihm trennen. Genauso war es mit August. Er unterließ es bald, sein Mütchen an mir in der geschilderten Weise zu erproben, weil er nicht gut dabei wegkam, aber andere, die sich weniger heftig zur Wehr setzten, bearbeitete er weiter in seiner Art. Er tat es jetzt, und er würde es auch später nicht lassen.

Es gab aber noch einen zweiten Grund, warum ich mich entschließen mußte, August nicht als ständigen Hausgenossen zu behalten.

Mit fünf Monaten war aus dem Frischling ein Jüngling geworden. Die tarnende Längsstreifung hatte einem fahlgelblichen Borstenhaar Platz gemacht, und das Schweinchen entwickelte sich langsam zu einer Dampfwalze. Mit dem Unterschied allerdings, daß August seine Umgebung nicht glättete, sondern um und um pflügte.

Er war jetzt so kräftig, daß fast nichts mehr seiner schiebenden, stoßenden, wühlenden Schnauze standhielt. Beete und Wiesen sahen dementsprechend aus. Aber auch vor den geschotterten oder gepflasterten Wegen machte August nicht halt. Dicke Betonplatten, die teilweise die Rabatten säumten, hob er mit seinem Rüssel einfach hoch und schmiß sie um. Er wurde in seinem Tun noch dadurch bestärkt, daß sich unter Steinen und Platten die fettesten Regenwürmer fanden, und als er eines Tages die dicken Buchenklötze umrammelte, die wir als Sitzgelegenheiten im Garten benutzten, und darunter ein Nest mit jungen Waldmäusen freilegte, konnte ihn gar nichts mehr bremsen.

Abzugewöhnen war August das Wühlen und Umbrechen des Bodens nicht. Ebenso vergeblich hätte man versuchen können, einen Vogel am Fliegen zu hindern oder einen Fisch am Schwimmen.

Wollte ich an meinem Grundstück noch weiterhin Freude haben und es nicht nur als Schweineauslauf genutzt wissen und wollte ich August nicht ein für allemal in einen engen Käfig verbannen, dann mußte ich ein neues Zuhause für ihn finden.

Die Frage war nur, wie und wo.

Der Zufall half. Ein Landwirt, der einen anderen Landwirt kannte, der noch einen dritten Landwirt kannte, erzählte mir eines Tages, daß eben jener dritte Landwirt ein großes Freigehege für Wildschweine besaß, wo mein Keilerchen vielleicht unterschlupfen konnte.

»Rufen Sie den doch einfach mal an«, sagte er.

Das tat ich und schilderte Augusts sämtliche Vorteile. Mein Partner am Telefon ließ mich gar nicht lange reden. Er fiel mir gleich ins Wort und gewissermaßen aus allen Wolken, denn kurz zuvor war ihm sein alter Zuchtkeiler eingegangen.

Nun saß er da mit einem Gatter voller Sauen, aber für den Nachwuchs brauchte er dringend einen neuen Kerl. Er sagte tatsächlich Kerl und verwirrte mich etwas dadurch, weil ich dachte, er würde plötzlich von einem Tierpfleger oder einem neuen Stallknecht reden.

Dann sagte er: »Wann kann ich denn kommen, heute, morgen?«, aber ich schob die Sache noch eine Woche hinaus, denn die Trennung von August kam mir nun doch etwas zu plötzlich.

Aber nach einer Woche kam dann ein klappriger Volkswagen auf den Hof. Ihm entstieg der Herr Landwirt, mir gottlob nicht unsympathisch auf den ersten Blick, und wir wurden uns schnell handelseinig. Denn ein paar Scheinchen wollte ich im Tausch für August doch schon einstekken. Er hatte schließlich Erhebliches an Futter verdrückt, und die Wiederherstellung des Gartens würde immerhin auch einiges kosten.

August schien gegen seinen neuen Besitzer auch nichts zu haben, jedenfalls ging er ihm vertrauensvoll an die Beine und stempelte erst einmal einige dunkle Flecken darauf.

»Na«, sagte der, »das ist ja ein strammer Kerl. Im nächsten Frühjahr kann er dann ran!« Damit meinte er die Sauen.

Ich war da nicht ganz so optimistisch, denn August hatte ja außer in seinen ersten beiden Lebenstagen noch keinerlei Kontakt mit anderen Wildschweinen gehabt. Wahrscheinlich würde er aber schnell mit ihnen umgehen lernen, und dann mochte er seinen Pflichten als Vermehrer und Familienvater nachkommen. Es hatte ja noch eine Weile bis dahin.

Jetzt wurde es ernst. Mein Landwirt fragte, ob wir August in eine Kiste stecken müßten, aber ich verneinte das entschieden und sagte, er sei ein tadelloser Beifahrer und bliebe auch brav unten sitzen. Dies hätte er bei mir gelernt.

Ich machte dann die Beifahrertüre auf, und August stieg ein, setzte sich unten hin und legte die Schnauze auf den ohnehin nicht sehr sauberen Sitz. Er dachte sicher, es ginge in den Wald. Vielleicht wäre er nicht ganz so friedlich gewesen, hätte er geahnt, was ihn erwartete. Ich war inzwischen ziemlich sicher, er würde seinen Spaß haben.

Die Türen klappten zu, der Volkswagen stieß eine dunkle Rauchwolke aus dem Auspuff, und mit Geknatter verließen August und sein neuer Besitzer den Hof.

Übers Jahr hörte ich dann, abermals auf dem Umweg über drei Landwirte, daß er seinen Pflichten als Stammvater einer neuen Generation von Frischlingen ganz hervorragend nachgekommen sei.

Der Käpten und die alte Fregatte

Vor vielen Jahren wollte ich einmal die Geschichte eines Storches aufschreiben oder besser die Geschichte eines Storchenhorstes. Den Horst gab es nämlich zuerst. Ich hatte diesen Horst zusammen mit einigen Helfern aus einem alten Wagenrad, Drahtgeflecht und Zweigen gebaut und in der Spitze einer Pappel befestigt, an der Grenze meines Grundstücks am Rande eines Dorfes. In diesem Dorf waren immer ein bis zwei Storchenpaare gewesen, aber dann kamen auf einmal keine mehr. Der Storchenbestand nahm überall in der Umgebung ab. Ich hatte gemeint, mein Horst in der Pappel würde vielleicht doch noch einmal ein Storchenpaar zur Brut locken, zumal immer wieder Störche im Frühjahr zur Zugzeit vorüberflogen und auch manchmal auf dem einen oder anderen Dach eine Rast einlegten.

Aber aus der Geschichte wurde nichts, denn solange ich damals an meinem Buch schrieb, geschah nichts weiter am Horst, als daß einmal eine Störchin für einige Tage dort verweilte, um dann doch wieder weiterzuziehen.

Wie das so ist, mein Buch war kaum erschienen, da begann die Storchengeschichte sich anzubahnen. Die Ereignisse an meinem Horst hielten mich vier Jahre in Spannung, und nun will ich die Geschichte hier erzählen. Dabei muß ich einige Ereignisse noch einmal beschreiben, denn dieses Buch von damals gibt es nicht mehr.

In meinem Garten lebten zwei zahme Störche, Max und Morine. Morine hieß ursprünglich Moritz, bevor ich herausbekam, daß es eine Störchin war. Beide konnten nicht gut fliegen, waren handaufgezogen und für ein Leben in Freiheit nicht geschaffen. Als Futter bekamen sie Eintagsküken, Mäuse und Fische und schluckten jeden

Tag eine ganze Menge davon. Sie verbrachten Sommer und Winter in einem geräumigen Gatter mit einem Teich, einer Wiese und mit Bäumen. Die Pappel mit dem Horst stand unmittelbar am Rande des Gatters und am Ufer der Aue.

Wie gesagt, drei Jahre tat sich nichts Aufregendes am Horst, und ich hatte die Hoffnung längst aufgegeben, daß er bezogen werden könnte.

Aber dann, Ende April des vierten Jahres, kreiste hoch am Himmel über dem Dorf wieder einmal ein einzelner Storch. Ich sah gar nicht lange zu, denn allzuoft war ich schon enttäuscht worden, wenn die Störche weiterzogen, ohne sich um den Horst zu kümmern.

Aus den Augenwinkeln blinzelte ich aber doch hinauf und merkte bald, daß dieser Storch tiefer kam, ständig engere Kreise ziehend und fast ohne jeden Flügelschlag.

Jetzt war er bereits verdächtig tief, man konnte schon sehen, wie er den Horst in Augenschein nahm, einmal den Kopf nach rechts, dann wieder nach links drehend. Plötzlich zog er die Schwingen etwas an, fuhr seine langen Beine aus und kam mit allen Federn bremsend herunter. Sekunden später stand er auf dem Horst und fing an zu klappern, was das Zeug hielt.

Der Größe und der Form des Schnabels nach konnte es ein Männchen sein. Aber schön war der Storch nicht. Sein Gefieder war alles andere als weiß, hatte einen grau-gelben, schmutzigen Anflug und sah ruppig und zerzaust aus. Außerdem war er furchtbar mager und rundum ungepflegt. Wie ein Käpten, der von einer langen Seereise zurückkehrt.

Wie ein alter Käpten! Damit hatte dieser Storch seinen Namen weg.

Max und Morine unten im Gatter machten sich lang und dünn und verdrückten sich hinter die Büsche. Da sie nicht fliegen konnten, waren sie im Falle eines Kampfes dem Wildstorch unterlegen. Instinktiv wichen sie daher zunächst einer Begegnung aus.

Der Neuankömmling hatte aber offenbar einstweilen nichts mit ihnen im Sinn. Er äugte zwar herunter, blieb aber oben im Horst, putzte sich ausgiebig, aber ohne Erfolg und klapperte zwischendurch mit weit auf den Rükken gebogenem Hals. Es schien, als würden ihm der Horst und auch die Umgebung nicht schlecht gefallen. Nur bedeutete das noch gar nichts.

Am Abend war er immer noch da. Nur einmal hatte er den Horst zu einem kurzen Rundflug verlassen, kehrte aber schon nach wenigen Minuten zurück.

Dann machte ich meine Runde, um meine Tiere wie jeden Abend zu füttern, in jeder Hand einen Eimer.

Im Gatter bei Max und Morine stellte ich die Eimer ab, und als ich zum Horst hinaufsah, stand der Käpten da oben am Rand und schaute mit langem Hals zu mir herunter. Ich dachte, er sei vielleicht mißtrauisch und meine Nähe würde ihn beunruhigen, und bewegte mich langsam und vorsichtig, um ihn nicht zu verjagen.

Aber etwas völlig Unerwartetes trat ein.

In dem Augenblick, als ich für meine zahmen Störche eine Handvoll toter Mäuse und Eintagsküken auf die Wiese warf, rauschte es über mir, und der Käpten kam fast im Sturzflug zwischen all den alten Bäumen, dicken Ästen und dem Gestrüpp herunter ins Gatter. Spornstreichs marschierte er auf das Futter zu, nur ein paar Meter von mir entfernt, und verspeiste die gesamte Portion.

Er nahm auch noch dankbar einen Nachschlag. Erst als sein Hals bis obenhin gefüllt war, schwang er sich wieder auf die Flügel, zog eine Runde über dem Garten und erreichte heftig rudernd schließlich wieder den Horst. Jetzt konnte ich auch Max und Morine zu ihren Rationen verhelfen, die sich nur zögernd aus ihren Verstecken wagten.

Der Käpten mußte satt und zufrieden die Nacht auf dem

Horst verbracht haben, denn als ich am anderen Morgen früh aus dem Fenster schaute, stand er dort und gähnte.

Sein Frühstück, von mir serviert, holte er sich natürlich auch, als wäre dies die selbstverständlichste Sache der Welt, und dabei blieb es. Ich hatte den Käpten zu versorgen.

Woher er so vertraut war, woher er sofort mitbekommen hatte, daß es da aus den Eimern Futter gab, blieb sein Geheimnis. Aber sicher trug die Anwesenheit und Zahmheit von Max und Morine dazu bei, daß auch der Käpten wenig Scheu zeigte. Wo den beiden nichts passierte und womit diese sich die Bäuche füllten, das konnte auch für ihn nicht von Schaden sein.

Er benahm sich auch sonst recht ungeniert.

Im Garten gab es außer dem Teich im Gatter der Störche noch einen zweiten zwischen Blumenbeeten, der wesentlich flacher war und ein Zierteich sein sollte. In ihm hegte ich ein Dutzend Goldfische, die regelmäßig im Keller in einer alten Badewanne überwinterten und im Frühjahr erst in den Teich kamen.

Es dauerte nur drei Tage, bis der Käpten die ja nicht gerade unauffälligen Goldfische entdeckt hatte, sicherlich von seinem Horst aus. Flugs ging er zum Teich und holte sich einen nach dem anderen heraus. Alle zwölf hintereinander. Anschließend blickte er längere Zeit traurig auf die geleerte Fläche, versuchte in den nächsten Tagen oft aufs neue, dort etwas zu finden, und mußte sich wohl oder übel weiterhin mit Mäusen und Küken zufriedengeben.

Schließlich schwang er sich bereits vom Horst ab, wenn ich zur Futterzeit mit den Eimern aus der Haustür kam, und erwartete mich gierig im Gatter. Er flog auch schon hinaus in die Wiesen und Felder, aber ich hatte nicht den Eindruck, daß er sich dort übermäßig viel Mühe gab, nach Nahrung zu fahnden. Die bekam er bei mir einfacher.

Er blieb allein. Eine Störchin stellte sich nicht ein in die-

sem Jahr, und nachdem der Juni vorbeigegangen war, verschwand eines Tages auch der Käpten wieder, der Horst war verlassen, und Max und Morine konnten sich endlich wieder normal verhalten.

Herbst und Winter gingen vorbei. Das nächste Frühjahr kam und der April. Mein Nachbar, auf dessen Dach die Störche in früheren Jahren einen Horst hatten, pflegte zu sagen: »An meinem Geburtstag kommen sie.« Er meinte die Störche, und sein Geburtstag war der 23. April.

Es kam aber nichts am 23. und auch nicht am 24., und am 1. Mai auch nicht.

Am 6. Mai schrieen dann meine Kinder: »Ein Storch, ein Storch!« Ich lief hinaus und fragte: »Wo denn?«, weil der Horst zu dieser Jahreszeit schon fast völlig von Blättern verdeckt und von unten schlecht einzusehen war.

»Im Gatter steht er bei Morine«, rief Julian, und wirklich turtelte da ein fremder Storch mit meiner Störchin herum, während Max sich unsichtbar gemacht haben mußte. Ich konnte ihn jedenfalls nirgendwo entdecken.

Fremder Storch?

Dieses ruppige, dreckige Gefieder kam mir doch bekannt vor! Diese hagere Gestalt!

Kaum hatte mich der Storch gesehen, kam er auch schon daher. »Holt ein paar Küken, schnell«, sagte ich zu den Kindern. Sie spurteten ins Haus und kamen mit dem Futtereimer zurück.

Natürlich war es der Käpten. Die Art und Weise, wie er mein Futter verschlang und nicht die geringste Scheu zeigte, entlarvte ihn als diesen.

Da war er also wieder. Wieder alleine. Er hatte sich den gut gedeckten Tisch den langen Winter über wohl gemerkt. Und auch der Goldfischteich war nicht vergessen.

Nachdem er nämlich seine Portion aus dem Eimer verschluckt hatte, überflog er den Gatterzaun und stelzte zum Teich hin, in den ich kurz vorher einen neuen Schwarm goldener Fischchen gesetzt hatte.

Nach knapp zehn Minuten war der Teich leer.

Ich dachte bei mir: ›Wohl bekomm's!‹ Und ich freute mich über diesen schlauen Burschen. Auch wenn es nur der Käpten alleine war, der meinen Horst und den Himmel über meinem Grundstück belebte, so brachte er doch einen Hauch von Storchenleben in diese Gegend.

In der folgenden Zeit machte der Käpten Morine gewaltig den Hof. Er war mehr im Gatter als oben im Horst, klapperte Morine an und verleitete sie zum Mitklappern. Und Morine, die früher ihrem Max gegenüber stets eher das zurückhaltende scheue Mädchen herausgekehrt hatte, ließ auf einmal jegliche Keuschheit sausen und schmiß sich dem Käpten an den Hals.

Sie scharwenzelte ständig um ihn herum, und wenn er einmal oben am Horst war, blickte sie sehnsüchtig hinauf und klapperte solange, bis sie ihn wieder bei sich hatte.

Nun konnte Morine ja nicht fliegen. Sosehr sich der Käpten bemühte, sie seinerseits auf den Horst hoch in der Pappel zu locken, alles blieb umsonst.

Ich mußte Hilfe schaffen.

Ein Horst mußte her, und zwar unten im Gatter, etwas erhöht, aber zu Fuß über eine Art Laufsteg erreichbar. Ich brauchte nur einen Tag, um ihn zu bauen. Ein alter Baumstumpf diente als Unterlage. Darauf kam ein ausrangierter, von Mäusen durchlöcherter Gartenkorb, der mit Laub, Grassoden und Zweigen gefüllt wurde. Als Steg zu diesem Nest hinauf brachte ich ein paar grobe Äste an.

Es war ein wunderschöner Horst, in meinen Augen jedenfalls.

Dem Käpten gefiel er nicht. Er wollte höher hinaus. Morine stieg einmal in den Horst hinein, zupfte gelangweilt einige Zweige mit dem Schnabel heraus und warf sie auf die Erde. Dann kletterte sie wieder hinunter und würdigte ihn weiterhin keines Blickes mehr.

Ich war beleidigt.

Ich versuchte, den beiden die Sache doch noch schmackhaft zu machen, indem ich dies und jenes verbesserte und verschönte, aber offenbar hatte ich völlig andere Ansichten vom Bau eines Storchennestes als die Störche selbst.

Schließlich holte ich noch einen Freund aus dem Dorf zu Hilfe, der schon beim Bau des Pappelhorstes mit Rat und Tat dabeigewesen war, und zeigte ihm mein Machwerk. »Der Rand ist zu hoch«, sagte er, und wir schnitten den Rand des Korbes ab.

»Das Gras ist zu frisch und zu naß«, sagte er, und ich ging und holte neues, trockeneres und altes Gras. Dann waren noch die Zweige zu grob und die Trittleiter zu steil. Auch das brachten wir in Ordnung.

Als wir gerade mit allem fertig waren, das Gatter verlassen hatten und uns draußen unterhielten, schwenkte der Käpten in einer eleganten Kurve herunter, landete einen Meter vor Morine, klapperte und stieg auf ihren Rücken.

Wir wurden Zeugen einer Begattung.

»Na, jetzt aber geht's los«, sagte mein Freund. »Das macht mein neuer Horst!« Und ging nach Hause.

Der neue Horst machte gar nichts. Er interessierte die Störche nach wie vor nicht im geringsten, und nachdem der Käpten wohl langsam merkte, daß er Morine nicht auf die Pappel bekam, und weil das Nest unten ihm nicht gefiel, stellte er seine Bemühungen ein. Er ließ ganz einfach die kleine Störchin sitzen, verschwand oft tagelang, kam nur noch selten zum Fressen und vagabundierte in der Nachbarschaft herum.

Morine war frustriert. Das drückte sich darin aus, daß sie Max im Gatter umherscheuchte, als sei er schuldig an dem Geschehen, und ihn behandelte wie einen Pantoffelhelden. Er hatte überhaupt nichts mehr zu sagen und durfte sich nur aus seiner Ecke wagen, wenn Morine satt und schläfrig auf dem Bauch saß und döste.

Ich versuchte, ihm ein wenig zu helfen, indem ich ihm zuerst Futter brachte und ab und zu Morine kräftig von ihm wegscheuchte, wenn sie ihn wieder einmal mit dem Schnabel traktierte, aber viel nützte das nicht.

Erst im Spätsommer – der Käpten war lange endgültig verschwunden – wurde Morine friedlicher und duldsamer Max gegenüber, und im Gatter kehrte der Frieden zurück.

Man mag sich fragen, warum sich Max und Morine nicht miteinander verpaarten. Lange genug waren sie schon zusammen und mußten auf jeden Fall geschlechtsreif sein, denn Max kam ins fünfte Jahr und Morine ins vierte.

Aber zwischen den beiden ging nichts. Das ist so bei Tieren wie bei Menschen auch: Man mag sich oder mag sich nicht.

Gerade zwischen Vogelpartnern kommt es durchaus nicht immer zu einer Paarbildung, nur weil ein Männchen und ein Weibchen zusammen gehalten werden. Jeder Vogelhalter weiß das und muß oft immer wieder den einen oder anderen Partner austauschen, bis dann plötzlich der Funke überspringt.

Anfangs hatte ich schon gehofft, daß zwischen meinen beiden etwas zustande kommen würde. Störche brüten durchaus in Gehegen und ziehen Junge auf, genau in solchen Horsten, wie ich da einen gebaut hatte. Aber Max und Morine mochten nicht, irgend etwas paßte nicht zwischen ihnen, sie vertrugen sich gerade so schlecht und recht. Jetzt also gaben sie wieder Ruhe untereinander, und wenn sie schon keine Lust auf gemeinsamen Nachwuchs zeigten, so waren die beiden doch schöne gesunde Störche mit schneeweißen Federn, roten Beinen und Schnäbeln. Im Winter blieben sie im Freien.

Die Kälte machte ihnen wenig aus, solange das Thermometer nicht unter fünfzehn Grad Celsius fiel. Wurde es doch einmal kälter, dann legten sie sich ins Heu und deckten die kälteempfindlichen langen Beine mit ihren Körpern zu.

Und auch dieser Winter verging.

Und abermals wurde es Frühling.

Am 23. April gratulierte ich meinem Nachbarn. Es regnete in Strömen und war kalt. Kein Tag für Störche.

Es regnete zwei Wochen lang. Am 4. Mai kam die Sonne.

Am 5. Mai kamen die Störche.

Der Käpten kam, unverkennbar, und er brachte eine Störchin mit.

Sie sah genauso schmutzig und verschroben aus wie der Käpten und war ebenso mager. Da sie kleiner und zierlicher gebaut war, fiel das noch mehr auf als bei ihrem Gemahl.

Beim ersten Anblick der beiden schoß es mir durch den Kopf: ›Der Käpten ist wieder da mit seiner alten Fregatte!‹ Der Käpten und seine alte Fregatte.

Wo er sie aufgegabelt haben mochte? Im Winterquartier in Afrika? Oder waren sie sich auf dem Zug zurück nach Europa begegnet?

Sie sahen so recht nach Streunern aus, die zwei, aber sie schienen Gefallen aneinander gefunden zu haben. Vielleicht hatte der Käpten der alten Fregatte von den stets gefüllten Futtereimern erzählt, die bei mir zu finden waren, und von dem Teich voller Goldfische. Und sie war diesen Verlockungen erlegen.

Zunächst allerdings war es der Käpten alleine, der sofort wieder seine alten Gewohnheiten aufnahm, Küken und Mäuse verspeiste und den Teich kontrollierte. Da fand er diesmal allerdings nichts.

Der Teich war im Winter bei starkem Frost rissig geworden, und das Wasser war ausgelaufen. Zum Flicken war ich noch nicht gekommen. So gab es dort auch keine Fische.

Merkbar enttäuscht schob der Käpten wieder ab und flog zurück auf den Horst, wo er von seiner Fregatte laut klappernd erwartet wurde.

Sie getraute sich noch nicht herunter in den Garten. Sie war mißtrauischer oder vielleicht einfach vorsichtiger.

Der Käpten dachte nicht daran, ihr Futter hinaufzubringen. Wenn er seinen Hals noch so vollgestopft hatte, keine einzige Maus spuckte er oben aus.

Die alte Fregatte mußte sich selbst versorgen, was sie auf den Wiesen und in den feuchten Niederungen der Umgebung auch tat.

Die große, spannende Frage war natürlich, ob dieses Paar wirklich am Horst bleiben würde, Eier legen und brüten. Die Chancen standen nicht schlecht, da der Käpten hier ja so gut wie zu Hause war.

Aber das Jahr war schon weit fortgeschritten. Anfang Mai saßen die meisten Störche schon auf ihrem Gelege. Sehr viel später durfte die Brutzeit nicht beginnen, denn mit dem Brüten und der Aufzucht der Jungen mußten die Störche fertig sein, wenn die Zugzeit im August begann, sonst kamen sie zu spät.

Doch schon am nächsten Tag sah ich den Käpten mit einer Ladung Gras im Schnabel zum Horst fliegen, und damit schien es wirklich ernst zu werden.

Er baute eifrig, brachte Zweige und Gras von jedem Ausflug mit, und dann fand er beim Nachbarn einen Misthaufen mit Pferdedung und altem Stroh. Dieses Material ergab eine besonders gut wärmende Unterlage im Horst, wenn es auch nicht gerade fein riechen mochte.

Die alte Fregatte blieb meist am Horst und bewachte ihn, und wenn sie wegflog, um Nahrung zu suchen, war der Käpten da, um aufzupassen.

Es schien nicht gerade wahrscheinlich, daß bei dem Mangel an Störchen und dem Überangebot an leerstehenden Horsten eine Konkurrenz eintreffen würde. Aber sicher war sicher.

Die Raufereien, die unter Störchen an einem Horst auftreten können, gehen weniger um den Horst selbst als um das Nahrungsgebiet in der Umgebung. Dort, wo ein reiches Nahrungsangebot zur Verfügung steht, können mehrere Storchenpaare auf ein und demselben Baum oder Gebäude nisten, ohne daß es zu Streitigkeiten kommt.

Hier, bei meinen beiden Wildstörchen, dürfte ganz sicher das Futter, das ich ihnen im Überfluß anbieten konnte, einen wesentlichen Beitrag dazu geleistet haben, daß sie blieben und jetzt offenbar zur Brut kommen wollten. Denn daß der Storchenbestand im ganzen Land immer weiter abnahm, lag nicht am Mangel an Horsten, sondern am Fehlen von Feuchtgebieten, Wiesen und Weiden, auf denen es genügend Nahrung gab. Die Störche merken dies offenbar schon gleich nach ihrer Ankunft im Brutgebiet, und wo es nichts zu holen gibt, versuchen sie eine Brut erst gar nicht. Sie würden dann die Jungen nicht großziehen können.

Und sicher stellten auch Max und Morine einen gewissen Anreiz für die Wildstörche dar. Denn wo diese sich länger aufhielten und offenbar satt und zufrieden waren, da konnte wohl auch noch ein dritter und vierter Storch sein Auskommen finden.

Es ist bekannt, daß Störche sich gerne dort einstellen, wo schon andere Störche sind. Sie sind im Grunde durchaus gesellige Vögel. Im Süden Europas kann man das zum Beispiel erleben. In Spanien etwa oder auch in Portugal. Dort habe ich selbst gesehen, daß auf dem Dach einer Kirche in irgendeinem kleinen Dorf bis zu zwölf Storchenhorste gebaut waren, von denen nur einer nicht besetzt schien.

An jeder Ecke des Hauptdaches befand sich ein Nest,

ebenso an jeder Ecke des breiten Turmgebäudes, und die restlichen lagen dazwischen. Unter den Bewohnern gab es keinerlei Streit, denn in diesen noch wenig intensiv landwirtschaftlich genutzten Gegenden konnten sie Nahrung genug für alle bekommen.

In Portugal war es auch, wo ich zum erstenmal Weißstörche als Baumbrüter sah.

Wir sind ja gewohnt, daß der Weißstorch bei uns seinen Horst auf das Hausdach setzt, auf einen Schornstein oder eine eigens vorbereitete Unterlage. Weißstörche lebten aber schon längst, bevor der Mensch Häuser baute, und in jenen Zeiten waren Bäume oder auch Felsen die ursprünglichen Nistplätze. In manchen Gegenden wurde diese Gewohnheit beibehalten. So waren eben auch in Portugal riesige Eukalyptusbäume entlang der Landstraßen mit mehreren Horsten pro Baum besetzt. Für uns ein ungewohnter Anblick.

Aber dadurch ist zu verstehen, daß der Käpten und seine alte Fregatte ohne weiteres meinen Baumhorst annahmen, obwohl er nur von zwei Seiten her gut anzufliegen war. Beiderseits des Horstbaumes standen nämlich weitere hohe Pappeln, die zwar einen gewissen Windschutz boten, den An- und Abflug jedoch in diese Richtungen unmöglich machten.

Beim Schwarzstorch, dem dunklen Vetter unseres Weißstorchs, ist es bis heute beim Baumbrüten geblieben. Er ist ein Waldbewohner und hat sich dem Menschen nicht angeschlossen. Die wenigen Brutpaare, die es von dieser Art noch in Niedersachsen und Schleswig-Holstein gibt, müssen streng geschützt und bewacht werden. Sie reagieren auf Störungen durch Ausflügler und Freizeitbetrieb äußerst empfindlich.

Wie ganz anders verhielten sich da der Käpten mit seiner Frau. Sie ließen sich weder durch Menschen noch durch Hunde oder all das andere Getier, das meinen Garten bevölkerte, aus der Ruhe bringen. Sie nutzten diesen Garten wie das umliegende Gelände sogar, holten sich Futter und Nistmaterial vor unseren Nasen weg, und es fehlte eigentlich nur, daß der Käpten mir das Futter aus der Hand nahm. Aber näher als drei, vier Meter getraute er sich dann doch nicht heran.

Nachdem ein paar Tage eifriger Bautätigkeit am Horst vergangen waren, wobei der Käpten nicht nur weiches Nistmaterial eintrug, sondern dazwischen auch handfeste Äste und Zweige, war auf einmal von der alten Fregatte nichts mehr zu sehen.

Nicht, daß sie davongeflogen wäre, sie saß offenbar im Horst und brütete. Nur ab und zu, wenn sie sich etwas erhob, um sich anders hinzusetzen oder die Eier zu wenden, konnte man von unten ihren Kopf sehen. Auch wenn sie aufstand natürlich, um den heimkehrenden Mann mit Klappern zu begrüßen.

Das große Rätselraten setzte ein: Wie viele Eier mochte sie haben? Wie viele Jungen mochten schlüpfen? Wie viele würden die ersten Lebenstage überstehen und heranwachsen? Vorläufig hieß es, Geduld haben. Der Horst war so hoch im Baum, daß ich auch vom Dachfenster aus nicht hineinschauen konnte, und einen der Nachbarbäume zu besteigen unterließ ich, um das Geschehen nicht noch zu gefährden. Die Brutzeit beträgt einunddreißig bis vierunddreißig Tage. Solange hieß es also zu warten. Über einen Monat.

Die Störchin brütete nicht alleine. Sie löste sich regelmäßig mit dem Käpten ab und saß vor allem nachts auf den Eiern.

Während der eine Partner auf dem Horst war, flog der andere zur Nahrungssuche auf die Wiesen und Felder und in die nahe gelegene Flußaue. Der Käpten allerdings bediente sich nach wie vor aus meinen Futtereimern und holte sich von außerhalb vermutlich nur noch die Nachspeise. Nie kam er aber ohne Nistmaterial zurück, so daß der Horst an Umfang und Höhe während der Brutzeit beträchtlich zunahm.

Einmal kreiste ein fremder Storch über dem Horst. Zuerst war er sehr hoch am Himmel, doch die im Horst brütende Fregatte hatte ihn sofort mitbekommen und fing an zu klappern. Nicht etwa zur Begrüßung, vielmehr als ein Zeichen der Abwehr, und der Käpten, der in der Nähe gewesen sein mußte, erschien nach wenigen Minuten ebenfalls klappernd. Die Fregatte war aufgestanden, beide klapperten wie wild, zischten und flappten mit den Schwingen, als der andere Storch doch tiefer kam, um sich die Sache aus der Nähe zu betrachten.

Alleine hatte er gegen das Paar keine Chance, auf dem Horst Fuß zu fassen, und sein Interesse daran schien ohnehin gering. Er kreiste einige Male über der Pappel und dem Grundstück und verschwand dann wieder.

Sogleich beruhigten sich die Horstbesitzer, wenn der Käpten auch noch ein wachsames Auge auf den Himmel richtete und noch eine gute Stunde am Horst blieb. Endlich kam der Tag, an dem sich oben etwas ereignen mußte. Den Tag genau festzulegen, war nicht möglich, weil ich nicht genau den Tag der ersten Eiablage wußte. Ich hatte nur verzeichnet, wann die Störchin zum erstenmal längere Zeit im Horst gesessen hatte, also das erste Ei deckte. Und dann variierte die Brutzeit eben um einige Tage hin und her.

Aber jetzt waren dreiunddreißig Tage nach meiner Rechnung vergangen, und wenn Junge geschlüpft waren oder an diesem oder dem nächsten Tag schlüpfen würden, mußte ich Fütterungen beobachten können.

So kleine Jungstörche bekommen natürlich noch keine große Nahrung, wie Mäuse, Frösche oder Küken. Sie werden mit Regenwürmern, Insekten und Insektenlarven versorgt, die von den Altvögeln in Mengen gesammelt und im

Hals zum Horst gebracht werden. Dort würgen sie das Futter heraus, und die Kleinen nehmen es sich von der Horstunterlage mit dem Schnabel weg.

Ich hatte durchaus Bedenken, der Käpten würde sich derart an meine Mäuse und Küken gewöhnt haben, daß er versäumen könnte, mundgerechtes Futter für seine Kinder zu suchen, aber da täuschte ich mich gewaltig.

Es waren Junge geschlüpft. Ihre Anzahl war nicht festzustellen, aber der Käpten hatte meine Futtereimer und ihren Inhalt vergessen und flog davon, um Kleinzeug zu suchen. Ich sah, wie er zurückkam, am Horst stand, würgte und irgend etwas hineinspuckte. Das funktionierte also bestens, und meine Sorgen in dieser Hinsicht waren überflüssig gewesen.

Wieder mußten wir etwa drei Wochen warten, bis endlich vom Boden aus etwas vom Storchennachwuchs zu sehen war. Zunächst tauchte nur schemenhaft ab und zu etwas Grauweißes über dem Rand des Horstes auf – der Kopf eines Jungstorches. Dann konnte man neben dem hellen, lauten Klappern der Altstörche auch schon manchmal das leise und stumpfer klingende Klappern der Jungen hören, die einen mit Futter heimkehrenden Elternteil begrüßten. Ihre weichen und kurzen Schnäbel vermögen noch nicht das harte Geklapper der erwachsenen Störche hervorzubringen. Doch auch die Kleinen biegen schon den Hals dabei zurück. Dieses Zurückbiegen des Halses, wobei der Hinterkopf fast den Rücken berührt, ist ein sehr eindrucksvolles Verhalten innerhalb der Begrüßungszeremonie der Störche. Vermutlich hat es seinen guten Grund.

Ein Storchenschnabel, hart, lang und spitz, ist eine unter Umständen tödliche Waffe. Im Kampf wird er hemmungslos eingesetzt, und wenn zwei oder mehrere Störche ernsthaft aufeinander losgehen, kann es zu bösen Verletzungen und auch zu Todesfällen kommen.

Die Begrüßung mit Klappern findet aber gewissermaßen nur unter Freunden statt. Zwischen den Ehepartnern ist sie üblich und zwischen diesen und ihren Jungen.

Daß man dabei Verletzungen vermeiden möchte, ist ganz selbstverständlich. Und das sicherste Mittel, den spitzen Schnabel außer Reichweite des Gegenüber zu bringen, ist, ihn möglichst weit wegzuhalten. Auf dem Rücken eben, nach hinten gerichtet, in die entgegengesetzte Richtung dessen, den es zu begrüßen gilt.

Wie sinnvoll dieses Verhalten von der Natur eingerichtet wurde, ist mir erstmals ganz plötzlich deutlich vor Augen gebracht worden, als meine zahmen Störche Max und Morine eines Tages im Streit um einen Futterbrocken aufeinander losgingen.

Sie standen sich frontal gegenüber und hieben mit den Schnäbeln gegeneinander los, wobei sie die am meisten gefährdeten Köpfe und Hälse allerdings geschickt durch Ausweichen in Sicherheit brachten. Ab und zu ging ein Schnabelhieb ins Rückengefieder des Gegners, was dem nichts ausmachte.

Irgendwie legten sie nach kurzer Zeit die Streitigkeiten bei und waren sich wieder gut, und in diesem Augenblick beugten beide die Hälse zurück, fingen an zu klappern, und nichts konnte mehr passieren, weil die Schnäbel nun nicht mehr auf den Partner zeigten, sondern deutlich von ihm weggerichtet waren.

Nun hat die Klapperzeremonie noch einen zweiten Teil, bei dem der Hals wieder nach vorne kommt und der Storch eine ziemlich normale Stellung einnimmt. Aber auch dann zeigt der Schnabel nicht auf den gegenüberstehenden Storch, sondern wird direkt nach unten gehalten, in einer Stellung, in der er wiederum keinen Schaden anrichten kann.

Da jede Begrüßung, besonders zwischen Altstörchen, einen gewissen Anteil an Aggression beinhaltet – man muß auf dem Horst ja sehr dicht beieinander landen und stehen –, ist das Begrüßungsklappern mit dem Wegnehmen der spitzen Schnäbel also eine weise Einrichtung, um etwaigen Kampfhieben gar keine Möglichkeit einzuräumen. Sie könnten sonst, vermenschlicht ausgedrückt, doch einmal aus Versehen stattfinden.

Wenn dann durch das Klappern und das damit zusammenhängende sonstige Verhalten die erste Erregung abgebaut ist, kann man als Storch auch die unmittelbare Nähe des anderen Storches ertragen.

Ich will den weiteren Verlauf dieses Sommers abkürzen, da es für das kommende Jahr weiteres zu berichten gibt. Drei Jungstörche zogen der Käpten und die alte Fregatte auf, ohne daß es zu besonderen Geschehnissen oder gar Zwischenfällen kam.

Nachdem die Jungen herangewachsen waren, standen sie oft im Horst und waren also gut zu beobachten. Und als sie eine gewisse Größe erreicht hatten, aus dem Regenwurmstadium heraus waren, fand nicht nur der Käpten wieder Geschmack an meinen Mäusen und Küken, sondern verfütterte sie auch an die Kinderschar. Klar, daß diese dabei hervorragend gedieh. Obwohl es ein nasser Sommer war damals, bezweifle ich, ob das Storchenpaar derart reichlich Nahrung in den sumpfigen Wiesen gefunden hätte, wie ich sie ihm mit meinen Eintagsküken bot. Vielleicht hätte sie nur für zwei oder gar nur für ein Junges zum Überleben ausgereicht.

Im Juli machten die Jungstörche ihre ersten Flugversuche im Horst. Wenige Tage später kam der erste Ausflug vom Horst herüber auf das Dach des Hauses, vierzig Meter Luftlinie etwa, das dann auch in der nächsten Zeit der beliebteste Aufenthaltsort neben dem Horst selbst wurde. Auch übernachteten die Störche auf dem Giebel des Daches, in der Regel die drei Jungen, während die Eltern auf dem Nest standen.

Und dann machten sie Ausflüge in die Umgebung, bis sie fristgerecht fortzogen.

Es war ein schönes Ergebnis: Drei Jungstörche flügge, wo doch rundum kaum mehr ein Horst besetzt wurde, und dazu ein Storchenvater, den ich schon das dritte Jahr kannte. Würde es auch im kommenden Jahr wieder eine Brut geben?

Am 27. April, nach einem sehr langen und schneereichen Winter, schwebte der Käpten wieder auf den Horst ein. Er war es, jeder Zweifel ausgeschlossen. Kaum gelandet, kam er herunter und schlug sich voll, ging dann zum Teich – ich kannte das alles bereits.

Aber wo hatte er die alte Fregatte gelassen?

Das Paar muß nicht gemeinsam am Horst erscheinen, das wußte ich wohl, und daß dies im letzten Jahr so der Fall gewesen war, konnte eher als Ausnahme gelten.

Zunächst blieb der Käpten alleine, aber am 3. Mai kam sie dann auch wieder, die Fregatte, und da ich auch sie im letzten Jahr während der ganzen Brutzeit intensiv beobachtet hatte, gab es über ihre Identität ebenfalls keinerlei Zweifel.

Sie war immer noch eher zurückhaltend, wenngleich sie den gefüllten Futtertöpfen im Gatter schon im Vorjahr nicht sehr anhaltenden Widerstand leisten konnte und auch herunterkam. Aber sie wahrte weit größeren Abstand zu den Menschen und flog bei der geringsten Störung oder heftigen Bewegung der Zuschauer auf.

Kaum war sie da, begann wiederum eine eifrige Bauerei am Horst, alles verlief wie im Jahr vorher, und um den 10. Mai begannen sie zu brüten.

Dann kam ich eines Tages am Spätnachmittag von der Arbeit nach Hause, erwartet von meinem aufgeregten Nachbarn, der als einziger berichten konnte, was in den Mittagsstunden passiert war.

Er war Zeuge eines Storchenkampfes geworden.

Ein fremdes Paar hatte über dem Dorf gekreist, sich bald dem Horst genähert, und es hatte ein ziemliches Getümmel am Horst gegeben.

Das Klappern und Zischen der Störche war weithin zu hören gewesen, mal war das Brutpaar am Horst, mal die anderen. Auch drei gleichzeitig, und sie hatten sich heftig bekämpft.

Mein Nachbar kannte den Käpten und die alte Fregatte

nicht so genau, daß er sagen konnte, wer schließlich wen vertrieb.

Ich ging erst einmal und holte mein Fernglas. Dann holte ich die Futtereimer. Aber wer auch immer da am Horst stand, im Augenblick war kein Interesse zu bemerken.

Es mußte aber der Käpten sein. Seinem Aussehen nach war ich dabei sicher. Ich konnte mir auch kaum vorstellen, daß dieser alte Haudegen sich vom Horst vertreiben lassen würde. Und wenn er so friedlich mit dem zweiten Storch zusammenstand, konnte es sich bei diesem auch nur um sein angetrautes Eheweib, die Fregatte, handeln.

Aber daß beide standen, verhieß nichts Gutes. Die Schlacht war schon drei Stunden vorüber, die anderen beiden Störche waren längst abgezogen, und einer der Alten hätte brüten müssen.

Ich ging hinüber zum Horstbaum und fand die Bescherung: da lagen drei Eier am Boden. Zwei waren zerbrochen, das dritte heil, da es an einer matschigen Stelle aufgekommen und beim Herunterfallen offensichtlich nicht gegen einen Ast geprallt war.

Damit schien die Sache für dieses Jahr gelaufen, denn die Störche machen kein Nachgelege, wenn das erste Gelege aus irgendeinem Grund zerstört worden ist.

Ob die Eier absichtlich vom fremden Paar herausgeworfen worden waren oder beim Kampf aus Versehen über den Rand gerieten, war schließlich gleichgültig.

Es war ärgerlich, aber nicht zu ändern, auf Nachwuchs durfte ich nicht mehr hoffen.

Um so erstaunter war ich dann, als nach etwa einer Woche die Störche doch wieder zu brüten schienen. Stets stand nur einer am Horst, vom anderen sah ich höchstens einmal den Kopf. Auch bauten sie wieder.

Es sah alles nach einem ganz normalen Brutverlauf aus, und nachdem ich die ersten Fütterungen beobachtet hatte, war eindeutig sicher, daß es Junge im Horst gab.

Zwei waren es, wie sich später herausstellte. Diese zwei wurden auch groß und flügge.

Aber wie konnte das gegangen sein?

Drei Theorien waren möglich, beweisen ließ sich keine. Zum ersten konnten fünf Eier im Gelege gewesen sein, und die Störche hatten nach anfänglicher Unterbrechung doch wieder mit dem Brüten begonnen. Wenn die beiden verbliebenen Eier frisch gelegt waren, hätten sie einige Tage ohne Bebrütung überstehen können. Es schien aber unwahrscheinlich, daß die Eltern nicht sofort weitergebrütet haben sollten.

Zum zweiten konnte es sein, daß die alte Fregatte noch gar nicht mit dem Legen fertig gewesen war, als die ersten drei Eier aus dem Horst fielen. Sie brauchte dann nur noch zwei weitere zu legen und diese normal zu bebrüten. Fünf Eier im Gelege sind bei gutem Nahrungsangebot nichts Besonderes.

Schließlich, auch wenn ich dem Käpten das nicht so recht zutrauen mochte, blieb in Betracht zu ziehen, daß die alte Fregatte gar nicht die alte Fregatte war. Die konnte mit dem anderen Storchenmann auf und davon sein, und da oben lebte eine neue Störchin mit dem Käpten. Sie hatte dann ganz normal Eier gelegt, zwei eben nur, auch das ist nichts Ungewöhnliches.

Wie auch immer, trotz des Gemetzels gab es wieder Storchennachwuchs, der heranwuchs und im Herbst auf die weite Reise nach dem Süden ging.

Und dann endet die Geschichte vom Käpten und seiner alten Fregatte, denn weder er noch ein anderer Storch kehrten in den späteren Jahren auf den Pappelhorst zurück. Er blieb verwaist wie die vielen anderen Horste in der Umgebung, bis ihn ein mächtiger Sturm mitsamt dem Rad, auf das er gebaut war, herunterwarf. Nur ein paar Eischalenreste fand ich noch, als ich das Genist untersuchte.

Turmfalkenkinder und Eisvogelsorgen

Nicht weit von unserem Grundstück gab es ein größeres Gelände, in dem Kies, aber vor allem Sand abgebaut wurde. Eines Tages, es mag Ende Mai gewesen sein, rief der Betreiber des Unternehmens bei mir an und teilte mir mit, daß beim Abbaggern des Sandes ein gutes Stück der darüber befindlichen Steilwand zusammengebrochen sei. In der Wand mußte sich eine Höhle befunden haben, und in dieser Höhle hatte ein Turmfalkenpaar gebrütet und war dabei gewesen, die Jungen aufzuziehen. Nun lagen die Jungen, vier an der Zahl, unten, die Höhle war weg.

»Können Sie die Jungen nehmen und aufziehen?« wurde ich gefragt und sagte ja.

Sie waren etwa zwei Wochen alt, dunenbedeckte kleine Kerlchen und konnten sich eben auf den Läufen sitzend für eine Weile aufrecht halten.

Das Futter war kein Problem. Mäuse und Eintagsküken hatte ich durch die Störche genügend. Ich brauchte nur kleine Stückchen davon mit einer Schere abzuschneiden, sie den jungen Turmfalken vor die Schnäbel zu halten, und die packten gierig zu und verschluckten die Bissen. Ich hatte sie in einem alten Korb, der mit Stroh und Heu gefüllt und gepolstert wurde, untergebracht. Dort hockten sie die meiste Zeit friedlich beieinander und schoben sich nach jeder Fütterung mit ihren prallen Hinterteilen zum Rand, um ihren Kot als weißen Strahl darüber hinauszuschießen. So hielten sie ihr Nest sauber. Ich mußte sie etwa vier bis fünf mal am Tag füttern, bis jeder genug bekommen hatte und nichts mehr wollte. Das dauerte nicht lange, und so war die Aufzucht an sich nicht schwierig.

Die Falken wuchsen schnell, schoben bald Federn, und

die Frage erhob sich, was tun, wenn sie flügge wurden? Behalten wollte ich sie nicht. Sie sollten in die Freiheit entlassen werden, sobald das möglich war. Nun kann man einen Jungvogel, auch wenn er flügge und mit der Nahrungsaufnahme selbständig geworden ist, nicht einfach durchs offene Fenster davonfliegen lassen. Das muß aus verschiedenen Gründen schiefgehen.

Die allermeisten Jungvögel werden auch noch nach dem Ausfliegen aus dem Nest eine ganze Weile von den Eltern betreut, mit Futter versorgt und vor Feinden gewarnt oder beschützt, bis sie gelernt haben, sich in der Umwelt alleine zurechtzufinden.

Sie haben in der Regel die Möglichkeit, schon vom Nest aus zumindest die nähere Umgebung ihrer Kinderstube zu sehen und zu beobachten. Wenn sie dann ausfliegen, kommen sie nicht in eine ihnen total unbekannte Welt. Am wichtigsten ist aber, daß sie in der Zeit nach dem Ausfliegen Erfahrung sammeln müssen, wie und wo sie ihre Nahrung finden können, und für Greifvögel gilt es, sich im Fangen und Töten der Beute zu üben.

Meine vier Turmfalken hatten bisher nur ihren Korb und das Zimmer, in dem er stand, erlebt und gesehen. Würde ich sie, sobald sie fliegen konnten, einfach nach draußen entlassen, so wäre die fremde Umgebung für sie sicher ein Schock. Wo und wie sie Mäuse und andere kleine Beutetiere finden würden, konnten sie schon gar nicht wissen. Also mußte ich mir etwas einfallen lassen.

Die Falken waren jetzt so weit herangewachsen, daß sie in etwa einer Woche flügge werden konnten. Es wurde Zeit, daß sie sich mit dem Garten und der näheren Umgebung des Hauses bekannt machten.

Ich zimmerte eine Kiste zurecht, deren Vorderseite aus einer mit Draht vergitterten Türe bestand, die sich öffnen und schließen ließ.

Vom Korb mit Kunstnest wechselten die Falken in die Kiste, und da sie inzwischen so zahm geworden waren, daß sie mich als Ersatzeltern betrachteten, nahmen sie diesen Umzug in eine neue Wohnung nicht weiter übel.

Die Kiste mitsamt Inhalt nagelte ich im Garten an einen alten Apfelbaum, etwa zwei Meter über dem Boden, so daß ich zum Öffnen und Schließen der Türe und zum Füttern leicht herankonnte.

Nachts mußte die Türe geschlossen sein, um Katzen, Mardern und Eulen den Zugriff zu verwehren. Durch den Draht war für die Falkenkinder dennoch alles zu sehen, was sich um ihren neuen Horst herum tat.

Tagsüber, vor allem, wenn ein Aufpasser in der Nähe

blieb, konnte die Türe offenbleiben. Auf der in waagerechter Stellung heruntergeklappten Türe hatten die Falken außerdem die Möglichkeit, die Kiste zu verlassen und vor ihr auf dem Drahtgeflecht umherzusteigen.

Zunächst waren sie über den Umgebungswechsel etwas aufgeregt, drückten sich ängstlich in den hinteren Kistenteil und blickten mit ihren großen, dunklen Augen auf all die Bäume, Büsche und Blumen. Aber schon bald wagten sie sich ein wenig heraus, verdrehten die Köpfe und nahmen alles Neue genau in Augenschein. Zwei Tage später turnten sie bereits auf der Gittertür, schlugen die Schwingen und kamen mir bettelnd entgegengelaufen, soweit sie dies vermochten, wenn es Zeit zur Fütterung war.

Sie nahmen jetzt schon größere Beutestücke, auch ganze Mäuse entgegen, packten sie mit ihren Fängen und zerteilten sie selbständig mit den kräftigen Hakenschnäbeln. Waren sie satt mit prallgefüllten Kröpfen, zogen sie sich wieder ins Innere ihrer Kiste zurück und machten ein Nikkerchen.

Es war jetzt abzusehen, daß sie bald den ersten Flug versuchen würden. Die Hand- und Armschwingen besaßen fast die volle Länge. Nur die Schwanzfedern waren noch ein gutes Stück kürzer als bei alten Falken, und in der Gefiederfärbung glichen die Jungen den Falkenweibchen. Erst nach der nächsten Mauser würde man sehen können, wer wirklich ein Weibchen war und wer ein Männchen. Das Federkleid der Weibchen würde nicht viel anders sein als das der Jungen, aber die Männchen würden einen hellgrauen Kopf und Schwanz zeigen und einen wunderbar rostrot gefärbten Rücken mit einigen schwarzen Tupfen darauf.

Vorläufig sahen die Vier alle gleich aus, und das Rätsel um ihr Geschlecht würde ich, wenn alles so verlief wie geplant, nicht mehr lösen können.

Immer unruhiger wurden die jungen Turmfalken. Immer öfter schlugen sie mit den Schwingen, machten Hopser in die Luft. Besonders wenn sie hungrig waren und auf die Atzung warteten, herrschte eine merklich größere Betriebsamkeit in und vor der Kiste als früher. Und dann wagte der erste den Flug von der Kiste auf einen zwei Meter entfernten dicken Ast des Apfelbaumes. Sofort kam ein zweiter hinterher, dann der dritte. Nur Nummer vier, sowieso das Nesthäkchen, blieb noch vor dem Nest und verdrehte den Kopf nach seinen Geschwistern. Es dauerte nur ein paar Minuten, dann flogen die drei wieder zurück.

Aber der Bann war jetzt gebrochen.

Der Apfelbaum, an den ich die Kiste genagelt hatte, wurde bald uninteressant. Ein Nachbarbaum wurde erobert, und die Flüge gingen auch bald nicht mehr geradlinig zum angepeilten Ziel. Rundflüge wurden eingelegt, Abstecher zu weiter entfernten Landeplätzen gemacht. Aber je weiter ein Jungfalke von der Kiste landete, um so schneller kehrte er zurück. Noch war den Jungvögeln alles Neue ungewohnt, und sie mißtrauten ihrem eigenen Mut.

Während sie anfangs ihre Ziele geradlinig und noch eher unbeholfen mit den Flügeln rudernd erreichten, nahm ihre Geschicklichkeit im Fliegen von Tag zu Tag zu.

Schon wurden einmal kurze Sturzflüge eingelegt, bei denen die Schwingen enger an den Körper gezogen werden mußten, oder die Vögel stiegen einfach in die Luft auf, kreisten dort eine Weile, um dann zickzack und mit beachtlichem Tempo herunterzuschießen zu ihrer Kiste. Diese war ihnen noch immer Zuhause und Zufluchtsort, wo sie sich von ihren spielerischen Flügen ausruhen und in Sicherheit fühlen konnten.

Sie übernachteten dort noch, und noch verschloß ich jeden Abend die Gittertüre.

Es wurde nun Zeit, die Vögel an das Schlagen lebender Beute zu gewöhnen.

Zuerst warf ich ihnen, wenn sie am Kistenrand oder auf

einem Ast hockten, tote Mäuse aus ein bis zwei Meter Entfernung zu, die der eine oder andere meist sehr geschickt mit einem Fang griff, bevor sie auf die Kiste gefallen waren.

Dann warf ich die toten Mäuse auf die Erde, und die Falken stürzten sich von ihrem Sitz ihnen nach und packten sie am Boden. Sofort danach deckten sie ihre Beute mit gespreizten Schwingen und gefächertem Stoß ab und paßten auf, daß keines der Geschwister zu nahe kam. Und wenn der Wind Blätter oder kleine Grasbüschel über Wege und Rasen trieb, stoben die Falken hinterher, schlugen diese »Beute« aus dem Flug heraus und übten sich so an allen möglichen Dingen im Anflug, Zugriff und Festhalten.

Damit stand dem Fangen lebender Mäuse nichts mehr im Wege. Mäuse würden auch in Zukunft ihre Hauptbeutetiere sein. Der Turmfalke ist in erster Linie ein Mäusejäger, wenn er auch Insekten, Eidechsen und die Jungen von kleinen Bodenbrütern unter den Vögeln nicht ausläßt.

Ich ließ also lebende Mäuse laufen; ich mußte das tun, um den Vögeln eine möglichst gute Überlebenschance zu geben, wenn sie sich von mir trennten.

Sie griffen sie sofort und töteten sie durch einen Biß mit ihrem Schnabel ins Genick. Sie waren schnell perfekt im Beutemachen.

Hand in Hand mit dem selbständigen Fangen von Beutetieren ging ihre Entwöhnung vom Nest.

Irgendwann hatten sie einen vom Dach überdeckten Vorsprung an der Hauswand gefunden und ihn sich zum Ruheplatz erkoren. Nun blieben sie dort auch in der Nacht und verbrachten dicht beieinander sitzend die Zeit bis zur Morgendämmerung.

Die Kiste am Apfelbaum konnte ich damit wieder abmontieren und sie in den Keller zu sonstigem Gerümpel bringen, bis sie sich vielleicht anderweitig benutzen ließ.

Meine Falken hielt es nun nicht mehr in der Nähe des Hauses und im Bereich des Gartens. Noch holten sie sich zwar bei der Morgenfütterung eine Maus, aber dann verschwanden sie und blieben unsichtbar bis zum Abend. Erst kurz vor Einbruch der Dunkelheit kamen sie zurück, manchmal gemeinsam, oft aber auch nacheinander und aus verschiedenen Richtungen. Und hungrig waren sie jetzt sehr selten.

Sie gingen tagsüber alleine auf Jagd, füllten sich irgendwo in den Wiesen und Feldern ihre Mägen und kamen nur noch, um zu übernachten.

Es war immer wieder ein schönes und packendes Schauspiel, wenn die Falken am abendlichen Himmel erschienen, meist hoch in der Luft, noch einige Kreise zogen und dann mit angelegten Schwingen im steilen Sturzflug herunterschossen, um sich nach einem Abbremsmanöver mit allen Federn auf den Sims unter dem Dach hochzuschwingen.

Ich hatte die Vögel längst mit Aluminiumringen der Vogelwarte Helgoland beringt. Vielleicht ließ sich so einmal in

Erfahrung bringen, ob sie eine Zeitlang überlebt hatten, sollten sie endgültig ihren Aufzuchtsort verlassen.

Und dieser Zeitpunkt kam Anfang August.

Eines Abends fehlte einer der Falken. Am kommenden Abend erschienen zwei weitere nicht mehr zum Übernachten. Der letzte stellte sich noch für die folgenden drei Nächte ein, dann blieb auch er aus.

Es fehlte etwas.

Das allabendliche Einfliegen der Falken war zur täglichen Gewohnheit geworden. Ihre hellen giggernden Rufe standen nicht mehr am Himmel über dem Haus. Aber sie hatten offenbar unbeschadet die ersten gefahrvollen Wochen im freien Flug überstanden und waren jetzt auf dem Weg, sich eigene Jagdgründe zu suchen.

Nur von einem meiner Falken habe ich noch gehört. Er wurde im nächsten Frühjahr auf der Autobahn nahe Magdeburg in der DDR überfahren. Wahrscheinlich beim Versuch, dort eine Beute zu holen, die schon einem anderen Auto zum Opfer gefallen war.

Am Ring wurde der Vogel identifiziert, und die Umstände seines Fundes wurden der Vogelwarte gemeldet. Von dort kam die Nachricht zu mir. Wenn dieser Falke auch kein langes Leben hatte, so wußte ich jetzt doch, daß er zunächst überleben konnte und auch den Winter überstanden hatte. Und ich wußte, daß sich die angewandten Methoden bei der Aufzucht und Auswilderung auch in Zukunft bewähren würden.

Noch ein anderes Erlebnis habe ich einmal mit Bewohnern einer Sandgrube gehabt. Dabei mußte ich aber nicht zum Ziehvater werden. Die Sache ließ sich auf andere Weise lösen.

Es war ein schöner Sommertag Anfang Juni. Ich hatte mir vorgenommen, nach dem Mittagessen dem Unkraut in den Blumenbeeten meine Aufmerksamkeit zu widmen.

Aber während ich noch am letzten Bissen kaute, stand plötzlich ein Mann im blauen Drillich in der Küche, eine Mütze in den Händen, die er sichtlich nervös dauernd im Kreis drehte. Auch sonst sah er etwas blaß aus. Statt einer Begrüßung sagte er: »Ich habe gerade ein Eisvogelnest ausgebaggert!« So was kam sicher nicht jeden Tag vor.

»Sie müssen mir helfen«, sagte er. »Da sitzen jetzt fünf Junge im Freien, und die sind doch geschützt!«

Da hatte er recht.

Ich packte also schnell ein paar Sachen zusammen, stieg in sein Auto, und wir fuhren erst einmal los. Jetzt konnte ich mich nach den näheren Umständen erkundigen.

»Also ich soll da die Steilwände einer Sandgrube im Forst mit dem Bagger abflachen«, erzählte er mir, »und auf einmal kommt die Wand runter, und da liegen die Jungen. Ich hätte sie beinahe mit dem Bagger überfahren. Ich hab' doch nicht geahnt, daß da ein Nest ist!«

Das glaubte ich ihm wohl, vor allem als wir am Tatort ankamen.

Die Sandgrube lag nämlich nicht am oder in der Nähe eines Gewässers, wo man Eisvogelbrutplätze im allgemeinen erwarten kann, sondern vielleicht zwei Kilometer vom nächsten Flußlauf entfernt mitten in einem Kiefernforst.

Dort hätte ich auch alles Mögliche erwartet, sicher aber keinen Eisvogel.

Eisvögel, als Fischjäger, halten sich immer entlang eines Gewässers auf, und ihre Brutröhren, die sie waagrecht in sandige oder lehmige Steilwände graben, liegen üblicherweise nicht weit ab. Früher gab es entlang Bächen und Flüssen, aber auch an Seen reichlich Steilwände, die für Eisvögel günstige Brutmöglichkeiten boten.

Nachdem heute praktisch jeder Wasserlauf reguliert ist und in ein mehr oder weniger gerades Bett gezwungen wurde, sind solche Steilwände kaum mehr zu finden.

Vielleicht war das der einfache Grund, warum dieses Eisvogelpaar den abgelegenen Platz gewählt hatte. Es hatte einfach nichts anderes in der Gegend gefunden. Wie auch immer, als wir ausgestiegen waren, besah ich mir die Sache.

Die fünf jungen Eisvögel waren fast flügge. Sie würden etwa noch drei oder vier Tage brauchen, um das Nest zu verlassen.

Nur war das Nest weg.

Mein Baggermensch hatte die Jungen auf einen Haufen zusammengesetzt, bevor er, mich zu holen, weggefahren war, und sie mit einem Büschel Gras abgedeckt. So ganz unbedarft in Sachen Natur war er offenbar nicht, denn die freisitzenden Jungen hätten ohne diese Maßnahme ganz schnell irgendeinem Räuber zum Opfer fallen können.

So war ihnen in der halben Stunde, bis wir wiederkamen, nichts geschehen. Aber guter Rat war teuer, denn die Brutröhre mit der am Ende liegenden etwas größeren Ausbuchtung für das eigentliche Nest war völlig abgebrochen. Oben, dicht am Rand der Grube, stand zwar noch ein Stück der Steilwand, vielleicht dreißig Zentimeter hoch, und man konnte ahnen, wo sich dort das Nest befunden haben mochte. Die Röhre hatten die Eisvögel im oberen Bereich der ursprünglichen Wand angelegt und sie nur etwa zehn Zentimeter unterhalb der Humusschicht mit ihrem spärlichen Bewuchs an Gräsern und Heidekraut in den Sand gegraben.

Dieser Teil der Wand war durch das Baggern an ihrem Fuße, wie mit dem Messer durchtrennt, abgerutscht und hatte dabei die Jungen mitgerissen.

Der Baggerführer schien ein sehr tierliebender Mensch zu sein. Es standen ihm fast die Tränen in den Augen über das Mißgeschick, das ihm widerfahren war, oder besser, das den Eisvögeln durch sein Tun entstanden war. Er fragte mich, ob ich die Jungen nicht zu Hause aufziehen wolle. Aber gegen meine sonstigen Gewohnheiten ließ ich mich hier nicht darauf ein.

»Wissen Sie«, sagte ich, »erstens sind die Jungen schon so groß, daß sie scheu bleiben werden und freiwillig keine Nahrung annehmen. Zweitens, wo soll ich die Fische hernehmen? Wir müssen uns etwas anderes einfallen lassen!«

Darauf brummte er etwas und schien nachzudenken, damit ihm etwas einfallen sollte.

Das klappte offenbar nicht, aber mir fiel zunächst auch nichts ein. Die fünf Jungen hockten da wie ein einziges Stück Elend und machten sich dünn. Von den Altvögeln war übrigens die ganze Zeit nichts zu sehen. Möglich, daß sie den Unfall noch gar nicht mitbekommen hatten und irgendwo beim Fischefangen waren. Sie konnten uns aber auch längst bemerkt haben und hielten sich verborgen.

Dann kam mir die Lösung des Problems: Wir mußten einfach an der alten Neststelle eine neue Röhre mit einem neuen Kessel graben und die Jungen hineinsetzen. Den Altvögeln würde wahrscheinlich nicht auffallen, daß die Wand um einen halben Meter weniger geworden war. Es war allein wichtig, daß die Stelle stimmte. Und wir mußten schnell vorgehen, damit die Altvögel nicht doch noch diesen Ort und damit die Jungen aufgaben.

Ich fragte den Baggerführer, ob er mit seinem Gerät den unter der Wand liegenden Sand wegschieben und die Steilwand in ihrer alten Höhe damit wieder herstellen könne. Das war notwendig, um Feinden wie Wiesel oder Schlangen das Erreichen der neuen Bruthöhle von unten unmöglich zu machen.

Er ging an die Arbeit.

Ich machte mir inzwischen oben zu schaffen. Einen Gang in etwa der alten Länge per Hand in den Sand von vorne zu treiben, hätte viel zu lange gedauert. Im Wagen fand sich ein alter Spaten, und mit dem grub ich von oben her die neue Röhre in den Erdboden, genau an der Stelle, wo früher der Kessel der alten Röhre sein Ende gefunden haben mußte.

Ich grub den Gang ungefähr in Armlänge, legte an seinem Ende wieder einen vergrößerten Kessel an, in dem die fünf Jungen genug Platz haben würden, und entfernte Wurzeln und Steinchen.

Nun mußte der Graben, der es ja eigentlich war, nach oben hin regendicht abgedeckt werden. Aber womit? Diesmal erwies es sich als Vorteil, daß es im Wald Müll zu finden gab, wenn er da eigentlich auch nicht hingehörte. Ich entdeckte nach einigem Herumsuchen am anderen Ende der Sandkuhle Teile eines Wellblechdaches aus Plastik, die sich bestens als Abdeckung eigneten. Der Rest war schnell erledigt. Auf das Wellblech kam Erde und auf die Erde ein Belag des Waldbodens mit den auch in der unmittelbaren Umgebung wachsenden Pflanzen. Niemand konnte jetzt mehr erkennen, daß sich in zehn Zentimeter Tiefe darunter ein Gang befand.

Inzwischen hatte auch der Bagger seine Arbeit beendet und die Steilwand im ursprünglichen Zustand wieder erstehen lassen.

Wenn die Jungen, falls die Sache funktionierte, später das Nest verlassen haben sollten, konnte man die Wand wieder abflachen.

Ich krabbelte noch einmal hinauf, legte mich auf den Bauch, und mir wurden von unten nacheinander die jungen Eisvögel gereicht. Sie taten völlig hilflos und apathisch, aber in dem Moment, wo ich sie mit der Hand vor die Öffnung der neuen Röhre hielt, kopfvoran, fingen sie an zu strampeln und krochen, sobald ich sie losließ, blitzschnell hinein. Eins, zwei, drei, vier, fünf – und weg und verschwunden waren sie.

Das war's.

Natürlich mußten wir jetzt sehen, ob die alten Eisvögel zurückkamen und das Bauwerk von Menschenhand annahmen.

Ich sagte zum Baggermann: »Fahren Sie doch Ihre Maschine möglichst weit weg in den Wald, und dann verstekken wir uns auf der gegenüberliegenden Seite der Grube und warten ab, was passiert!«

Er verschwand mit Getöse, kam gleich zurückgeschlichen, und wie zwei Indianer, durch Buschwerk getarnt, drückten wir uns an den Boden.

Eine Viertelstunde lang tat sich nichts. Dann hörten wir den hellen, hohen Pfiff eines Eisvogels links von uns, und nur Sekunden später schoß ein blauschillernder Vogel über die Grube weg auf die Wand zu und war schon darin verschwunden.

Er blieb nur ganz kurz, kam heraus und flog in Richtung Fluß davon, aber da war Nummer zwei auf einer Wurzel neben der Röhre gelandet. Ein kleiner, fingerlanger Fisch blitzte in seinem Schnabel.

Nach kurzem Sichern in die Runde verschwand auch er im Eingang, um dann ohne Fisch wieder zu erscheinen. Alles war in Ordnung. Die Altvögel verhielten sich ganz normal.

Wir warteten noch eine Fütterung ab, und als dann beide Altvögel zu neuem Fang unterwegs und außer Sicht waren, fuhren wir nach Hause.

Fünf Tage später machte ich einen Kontrollbesuch. Von den Eisvögeln war nichts mehr zu sehen und zu hören. Die Höhle schien verlassen. Sie waren ausgeflogen.

Zumindest schien es so.

Um mir Gewißheit zu verschaffen, fuhr ich zum Fluß. Die Eisvogelfamilie konnte nur dort sein, wenn es sie in dieser Gegend überhaupt noch gab. Ein anderes Gewässer war nicht in der Nähe.

Der Fluß hatte hier noch sein altes Bett. Ich weiß nicht,

wieso er einer Regulierung und Begradigung bisher entkommen war, vielleicht war das Umland für eine Bebauung oder landwirtschaftliche Nutzung zu uninteressant. Es gab noch viel Schilf und Weidenbüsche, und die Ufer wurden von hohen, alten Weiden und Pappeln gesäumt und zusammengehalten. Die jährlichen Hochwasser im Frühjahr schwappten zwar über das Flußbett hinaus und überschwemmten die Aue, dem Ufer aber konnten sie nicht viel anhaben, weil das Wurzelwerk der Bäume ihm Halt gab. Besseren Halt als jede künstliche Verbauung.

Ich suchte mir einen Platz mit gutem Ausblick nach beiden Richtungen, der aber doch gedeckt war durch einige niedrige Büsche.

Libellen spielten über dem Wasser. Eine Bachstelze flog mit einer Ladung Futter im Schnabel in eine der alten Weiden. Sie hatte ihr Nest dort oben in einer ausgefaulten Höhlung.

Gegenüber tauchten, aus dem Schilf kommend, zwei Rehe auf und ästen auf einem Brachstreifen. Ihr rotes Sommerfell leuchtete in der Sonne.

Dann hörte ich den Pfiff eines Eisvogels, ziemlich weit entfernt noch. Aber nach wenigen Sekunden pfiff es in nächster Nähe. Dann flog er an mir vorbei in diesem den Eisvögeln eigenen schwirrenden, schnellen Flug, ganz dicht über der Wasseroberfläche. Ein zweiter folgte ihm flußaufwärts. Und dann noch einer und noch einer, und alle sieben, die ganze Familie aus der Sandkuhle schwirrte an mir vorüber.

Sehr zufrieden kam ich daheim an. Und natürlich berichtete ich auch dem Herrn Baggerfahrer, was ich gesehen hatte. Unser kleines Experiment war geglückt.

Von Mäusen und Rüben

Viele Menschen mögen keine Mäuse.

Für viele Menschen sind Mäuse ein Anlaß, laut schreiend die Flucht zu ergreifen oder sie totzuschlagen.

Ich mag Mäuse.

Sie sind hübsch. Sie haben ein weiches Fell, schwarze Knopfaugen und eine immer schnuppernde kleine Schnauze. Wenn ich von Mäusen schreibe, dann meine ich die freilebenden heimischen Arten. Ich meine nicht die weißen Laboratoriumsmäuse, die zu Hunderttausenden gezüchtet werden, um für Experimente herzuhalten oder an meine Tiere verfüttert zu werden. Sie sind zwar auch kein Grund für Angst und Schrecken, aber sie sind nicht vergleichbar mit ihren Verwandten draußen in Feld und Wald. Außerdem stinken sie.

Die weißen Laboratoriumsmäuse stammen alle von der grauen Hausmaus ab. Die Hausmaus ist die wilde Stammform aller weißen Mäuse. Und als einzige von unseren heimischen Mäusearten hat diese Hausmaus einen unangenehmen Eigengeruch, den sie auch der Zuchtform vererbte. Maus ist nicht gleich Maus.

Da gibt es die Wühlmäuse in mehreren Arten. Die Feldmaus lebt auf Wiesen und Weiden in großen Scharen und legt dort ihre unterirdischen Bauten und oberirdischen Laufgänge an. Die Bauern haben sie nicht sehr gern, weil sie den Kühen das Gras wegfressen, wenn es zu viele von ihnen gibt.

Die hübscheste unter den Wühlmäusen ist die Rötelmaus oder Waldwühlmaus. Sie kommt in lichten Waldungen vor und an Waldrändern und läßt sich auch schon einmal tagsüber sehen.

Alle Wühlmäuse haben einen eher kurzen Schwanz und

kleine Augen. Da sie viel unter der Erde leben, brauchen sie nicht viel zu sehen.

Dann sind da die sogenannten Langschwanzmäuse. Sie heißen so, weil ihr Schwanz wesentlich länger als ein Wühlmausschwanz ist. Etwa so lang wie der Körper der Maus.

Leider gehören zu den Langschwanzmäusen ein paar unangenehme Vertreter. Zum Beispiel die schon erwähnte Hausmaus, aber als größte Arten auch die Hausratte und die Wanderratte.

Ratten mag niemand so sehr, nur Punker halten sie sich als Schmusetiere.

Gerade die Wanderratten sind so anpassungsfähig wie kaum eine andere Nagerart. Sie leben in unseren Dörfern und Städten mitten unter uns. Sie laufen, schwimmen, klettern und springen. Sie nagen sich mit ihren Meißelzähnen durch das härteste Material, sogar durch Beton und

Glas, wenn es sein muß. Und sie verbreiten Krankheiten und Seuchen. Heutzutage ist das bei uns im zivilisierten Mitteleuropa zwar nicht mehr ganz so gefährlich, aber Wanderratten werden trotzdem überall bekämpft, wo sie vermehrt auftreten. Nur sind sie so schlau und lernen so schnell, daß sie bisher allen Nachstellungen standgehalten haben.

Zu den Langschwanzmäusen zählt auch die Zwergmaus, der kleinste Wicht in der Mäusefamilie. Sie turnt mit ihrem Greifschwanz im hohen Gras und Getreide und baut im Sommer kleine Kugelnester aus Gras, die sie zwischen die Halme hängt, in denen sie schläft und ihre Jungen zur Welt bringt.

Und dann sind da noch die Waldmaus und die Gelbhalsmaus. Und die mag ich besonders gern.

Beide Arten sind nahe verwandt. Der Laie kann sie kaum unterscheiden.

Beide haben sie ein gelbbraunes Fellchen. Bei der Waldmaus ist die Unterseite grau, bei der Gelbhalsmaus schneeweiß. Beide haben besonders große schwarze Augen und besonders große Ohren. Und lange Schwänze haben sie natürlich auch. Die Gelbhalsmaus ist etwas größer und kräftiger als die Waldmaus und lebt in Wäldern, während die zierlichere Waldmaus im Gegensatz zu ihrem Namen an Waldrändern und im freien Feld vorkommt.

Springen können beide Arten dank ihrer kräftigen Hinterbeine ganz beachtlich. Der Volksmund nennt sie deswegen auch Springmäuse.

Mit diesen Mäusen mußte ich mich einmal einige Zeit beschäftigen.

Nach einer Jagd auf Hasen saßen wir bei einem befreundeten Landwirt noch gemütlich beisammen. Die Gespräche gingen natürlich um den vergangenen Jagdtag, aber auch um landwirtschaftliche Dinge.

So mit halbem Ohr bekam ich eine Geschichte mit, wonach Springmäuse die gesamte Rübenernte in Gefahr gebracht haben sollten, weil sie kurz nach der Aussaat der Rübensamen im April nachts die Samen ausbuddelten und auffraßen. Da waren offenbar ganze Mäusefamilien beteiligt, denn die Schäden gingen erheblich ins Geld. Die Rede war nicht von Feldmäusen oder anderen heimischen Arten, sondern eben von Springmäusen.

Ich hörte inzwischen schon genauer hin und meinte schließlich, Springmäuse lebten in der Sahara, aber nicht bei uns. Auf meine Fragen nach dem Aussehen dieser Mäuse wurde der Beschreibung nach klar, daß es Wald- oder Gelbhalsmäuse sein mußten.

Niemand hatte bisher ein Mittel gegen die Invasion der Mäuse in die gedrillten Rübensamen finden können. Ich hielt die Geschichte für ein Märchen und sagte, die Vatermäuse würden wohl noch Fähnchen an die Samen stekken, damit der Rest der Familie sie besser finden könne. Die Entgegnung war, daß ich ja vielleicht Zoologie studiert habe, aber von Mäusen und Rübenaussaat keine Ahnung haben könnte. Ich sollte mir die Sache doch an einem der nächsten Tage einmal ansehen.

So fuhr ich mit dem Landwirt wenig später auf sein Feld und ließ mir zeigen, wo die Mäuse Schaden angerichtet hatten.

Und wirklich, da gab es überall winzige Buddellöcher im Ackerboden, neben denen noch Reste der Hüllen zu finden waren, die beim Zubereiten des Saatgutes um jeden einzelnen Samen gelegt wurden, um ihn vor allen möglichen schlechten Umwelteinflüssen zu schützen.

Die Samen selbst waren aufgefressen worden.

Und die Flächen, auf denen die Mäuse ihre nächtlichen Diebeszüge veranstaltet hatten, waren wirklich recht ausgedehnt.

Nebenbei bekam ich eine kostenlose Unterrichtsstunde in freier Natur in Sachen Rübenaussaat. Danach wußte ich, daß zum Drillen der Samen der Boden nicht zu naß und nicht zu trocken sein darf, daß der Abstand zwischen den einzelnen Samen vierzig Zentimeter beträgt und daß die Samen nicht tiefer als zwei Zentimeter in die Erde kommen dürfen, damit der Keimling schnell und leicht den Boden durchbrechen kann. Ich hörte auch, was alles an chemischen Substanzen in der Umhüllung der einzelnen Samenkörner zu finden sei: Mittel gegen Pilze und tierische Schädlinge, für besseres Keimen und Wachsen und alle möglichen anderen Stoffe.

Die Mäuse mußten die einzelnen Samen mit Hilfe ihres Geruchssinnes auffinden. Soviel war sicher. Den Samen selbst konnten sie kaum riechen, dazu war zuviel darumherum. Vermutlich enthielt die Umhüllung irgendeinen verlockenden Geruchsstoff.

Ich ließ mir auch noch einmal bestätigen, daß es bisher kein Mittel gegen den Mäusefraß gab. Das einzige, was die Landwirte tun konnten, war, ein zweites Mal zu drillen, wenn die Flächen, auf denen die Mäuse sich schadlos gehalten hatten, zu groß wurden.

Gegen die Mäuse selbst gab es auch nur ein Mittel: Gift streuen. Aber das war eigentlich nicht erlaubt.

Zu Hause ging mir die Geschichte nicht aus dem Kopf. Auf irgendeine Art und Weise mußte man den Mäusen doch die Nascherei vermiesen können.

Man müßte sie bei ihrem nächtlichen Treiben einmal beobachten!

Das ließ sich im Freien nicht machen. Also brauchte ich Mäuse, einen großen Raum, um große Käfige aufzustellen, in denen ich die natürlichen Bedingungen wenigstens annähernd herstellen konnte. Ich würde auch eine Hilfskraft benötigen, da mich die Geschichte zwar reizte, ich aber kein Verlangen verspürte, mir alle Nächte um die Ohren zu schlagen, die für die Beobachtungen notwendig werden würden. Da brauchte ich eine Ablösung.

Mäuse sind nachtaktiv. Tagsüber lassen sie sich kaum blicken. Nur die Rötelmaus und die Feldmaus sind auch am Tage einmal vor dem Bau. Mit meinen Wald- und Gelbhalsmäusen würde ich aber dabei kein Glück haben.

Zunächst einmal mußte die Finanzierung gesichert sein. Ich erklärte ein paar Landwirten meinen Plan. Die nahmen Kontakt auf zu Saatzuchtbetrieben. Die Saatzuchtbetriebe, deren Aufgabe es war, die Samen mit den chemiegespickten Hüllen zu versehen, mußten ebenfalls daran interessiert sein, daß ihre Produkte nicht von den Mäusen aufgefressen wurden.

Ein Betrieb fand sich bald, der bereit war, mein Vorhaben zu finanzieren. Damit konnte es losgehen.

Ich fand eine Studentin, der die Sache gefiel und die nichts dagegen hatte, mit Mäusebeobachtungen Geld zu verdienen. Eine Biologische Bundesanstalt stellte ein Glashaus zur Verfügung und baute vier große Mäusekäfige, die dort aufgestellt wurden. Jeder Käfig aus Holzwänden und mit einem Drahtdeckel hatte eine Bodenfläche von zwei Quadratmetern.

Über die Käfige hingen wir Neonlampen, die mit rotem Papier umwickelt wurden. Rotlicht würde die Mäuse nicht stören, und wir würden sie auch nachts sehen können. Dazu konnten wir uns vor die Käfige setzen und durch die Glasfenster in den Holzwänden beobachten.

Noch hatten wir keine Mäuse. Da aber beide Arten, die Waldmaus und die Gelbhalsmaus, überall häufig sind, besonders in der Umgebung von Gehöften, Scheunen und Viehställen, vergingen nur ein paar Tage, bis wir mit Lebendfallen an die zwanzig Mäuse zusammengefangen hatten.

Je zwei setzten wir in einen der Käfige, den Rest steckten wir als Reserve in andere Behälter.

Dann kam mit der Post ein dickes Paket vom Saatzuchtbetrieb mit den unterschiedlichsten Samen. Manche waren in einer roten Umhüllung, andere in einer weißen oder blauen. Unsere Aufgabe war, herauszufinden, welche davon die Mäuse eher entdeckten.

Wir vergruben zu diesem Zweck jeden Abend vierzig Samenpillen einen Zentimeter tief in die Erde, mit der die Käfige so weit aufgefüllt waren, daß die Mäuse darin auch ihre Gänge und Baue graben konnten.

Sobald es dunkel wurde, beobachteten wir durch die Guckfenster, wie die Mäuse aus ihren Bauen kamen und was dann weiter passierte.

Um es kurz zu machen, die Mäuse fanden die vergrabenen Samen jeder Sorte stets sofort, sprangen von einem zum nächsten, schnupperten kurz und gruben ihn dann aus, knackten die Hüllen und verspeisten den Samen mit Genuß. Es gab da lediglich eine Sorte, die den Mäusen etwas mehr Schwierigkeiten bereitete, aber im Verlauf der Nacht bis zum Morgen hatten sie dann schließlich doch die meisten gefunden.

Als wir mit dieser Beobachtung nicht weiterkamen, probierte ich meine ursprüngliche Idee aus. Ich hoffte nämlich einen Duftstoff zu finden, der, über die eingegrabenen Samen versprüht, deren Eigengeruch überdecken würde. Die gesamte Erdoberfläche müßte dann eigentlich einheitlich nach diesem Duftstoff riechen, und die Mäuse dürften die Samen nicht mehr geruchlich lokalisieren können.

Ich weiß nicht mehr, was wir alles ausprobierten. Die am abscheulichsten riechenden Essenzen sprühten wir allabendlich in die Käfige mit dem einzigen Erfolg, daß die Mäuse sich daran überhaupt nicht störten und die Samen nach wie vor aus der Erde gruben.

Um sicher zu gehen, daß sich die Mäuse in den doch relativ engen Käfigen – verglichen mit der Situation im Freiland – nicht selbst dressierten und im Laufe der Nacht die Samen einfach aus Zufall fanden, ließen wir jedes Paar nur einige Nächte graben und tauschten es dann gegen neue Mäuse aus.

Dazu mußten wir weitere fangen, und dabei machte ich eines Nachts einen seltenen Fang.

Beim Kontrollieren der Fallen traute ich meinen Augen nicht. Da hatte ich eine Gelbhalsmaus erwischt, die nicht gelb war, sondern silbergrau. Eine Mutation, wie sie bisher noch nirgends beschrieben worden war.

Es war ein Weibchen. Sein Fell hatte bis auf die fast reinweiße Bauchseite eine silbergraue Farbe, ähnlich einem Chinchilla.

Natürlich wurde diese Maus nicht für die Versuche verwendet, sondern bekam eine Extrabehausung, und dann geschah das wirklich Unerwartete: Zwei Tage später ging mir wieder eine Silbermaus in die Lebendfalle, nur fünfzig Meter vom Fangplatz der ersten entfernt. Und das war ein Männchen.

Mit ganz großer Wahrscheinlichkeit handelte es sich um Geschwister aus einem Wurf.

Ich setzte das Paar zusammen in der Hoffnung, von ihm Nachwuchs zu erhalten. Der stellte sich auch tatsächlich nach ein paar Wochen ein. Meine Silbermäuse brachten vier Junge zur Welt, die zunächst nur rosig und nackt im Nest lagen wie alle anderen jungen Mäuse. Aber nachdem das Fell wuchs, stellte sich heraus, daß alle vier Mäusekinder ebenso silbrig wurden wie die Eltern. Dies also war sozusagen ein Nebenprodukt von den Experimenten mit den Rübensamen. Es gab noch ein zweites.

Während die Mäuse, die in den großen Beobachtungskäfigen lebten und die nächtlichen Grabungen vornahmen, Bewegung genug hatten, waren die Reservemäuse und auch die Silbernen ärmer dran. Ihre Behausungen waren ziemlich klein und eng, und wenn den Tieren auch Kletteräste zur Verfügung standen, so konnten sie doch nicht allzuviel unternehmen. Deshalb stellte ich in jeden

dieser Käfige ein Laufrad. In allen Zoohandlungen waren Laufräder aus Draht oder Plastik zu bekommen, gedacht in erster Linie für die weißen Hausmausrassen oder für Goldhamster.

Zunächst hatte ich mir über diese Laufräder, die von den Mäusen beim Darin-Laufen in Bewegung gesetzt werden, keine großen Gedanken gemacht. Sie sollten meinen Mäusen lediglich Training verschaffen.

Als ich dann aber eines Abends vor einem der Käfige saß, um den Silbermäusen zuzuschauen, und das Laufrad blockiert war, weil die Maus es nachts zuvor verschoben hatte, so daß es an der Wand anstieß, geschah folgendes: Die Maus kam aus ihrem Nest, einem kleinen Holzkasten mit weichem Nistmaterial, und wollte sofort ihr Laufrad in Gang bringen. Sie nutzte es bereits mehrere Tage und war gewohnt, daß es funktionierte. Diesmal aber bemühte sie sich umsonst. Das Rad wollte sich nicht drehen. Die Maus versuchte es ein paarmal, indem sie immer wieder hineinsprang und zu laufen anfing, ohne etwas zu erreichen.

Sie kletterte von außen auf das Rad. Sie umkreiste es und beschnupperte es von allen Seiten. Schließlich hockte sie sich davor und war frustriert.

Ja, wirklich. Vermenschlicht gesagt war sie schlicht und einfach frustriert, und man sah ihr das an.

Das Rad, in dem sie jede Nacht gelaufen war, rührte sich nicht von der Stelle.

Ich erbarmte mich ihrer, rückte das Rad zurecht und beobachtete weiter. Die Maus, die bei meinem Hantieren zunächst in ihr Haus geflüchtet war, kam bald wieder heraus und sprang in das Rad.

Jetzt ging es, und die Maus rannte wie eine Verrückte, schneller und eifriger als je zuvor. Sie rannte, als müßte sie die verlorene Zeit nachholen.

Das alles machte mich stutzig. Offenbar *bedeutete* das Rad der Maus etwas, und es war nicht nur ein sinnloses automatisches Gestrampel, wenn das Laufrad benutzt wurde. In den folgenden Wochen und Monaten ging ich dieser Frage systematisch nach und fand dann eine Schülerin, die sich mit der Geschichte in ihrer Diplomarbeit weiter damit befaßte.

Wir entdeckten eine ganze Menge interessanter Dinge. Das erste war, daß die meisten Mäuse – wir benutzten auch wieder Waldmäuse und Gelbhalsmäuse für diese Versuche –, nur ein oder zwei Nächte brauchten, um zu lernen, wie man mit dem Rad umgehen muß. Sie waren in der Regel schon nach den ersten zufälligen Begegnungen mit dem Rad von ihm fasziniert. Sowie sie merkten, daß es sich in Bewegung setzen ließ, versuchten sie, darin zu laufen, nur anfänglich etwas gehemmt, sehr schnell dann hemmungslos und immer aufs neue. Kaum, daß sie sich einmal Zeit nahmen, um zu fressen, die Tränke aufzusuchen oder sich zu putzen. Sie wurden richtig süchtig nach dem Rad.

Blockierten wir die Räder absichtlich, geschah jedesmal das, was meine Beobachtung gezeigt hatte: Die Mäuse wurden ratlos, suchten auf allen möglichen Wegen das Rad wieder in Gang zu bringen und blieben endlich wie vernagelt davor sitzen.

Andere packte die Wut. Wenn sie ein Plastikrad im Käfig hatten, zernagten sie dieses im Verlauf der Nacht in seine Einzelteile. Oder sie hingen sich kopfüber an den Drahtdeckel des Käfigs und bissen in den Draht. Aber sobald man ihnen das Rad wieder gangbar machte, tobten sie sich darin aus und liefen und liefen. Nun ist es für eine Maus ja etwas total Unnatürliches, die Nacht im Kreise laufend zu verbringen und dabei keinen Zentimeter vorwärts zu kommen. Sie liefen in ihren Rädern auch nicht etwa aus Angst oder weil sie zu flüchten versuchten. Sie liefen da ohne die geringste Beunruhigung von außen.

Wir hatten einige der Räder an automatische Zähler angeschlossen, die sowohl die Laufzeiten registrierten als auch die gelaufenen Meter. So konnten wir darüber Auskunft erhalten, ohne selbst im Raum oder auch nur in der Nähe sein zu müssen und die Mäuse vielleicht dadurch zu stören.

Im Freien bewegen sich Waldmäuse etwa hundert Meter um ihren Bau während ihrer nächtlichen Aktivitäten. Fängt man sie vor ihrem Nest und trägt sie fort, so können sie innerhalb einer Nacht über eine Entfernung von etwa dreihundert Metern zurückfinden. Das sind also die normalen Distanzen, die Waldmäuse unter natürlichen Bedingungen zurücklegen können.

Und hier erlebten wir nun eine ziemliche Überraschung. Eindeutig waren unsere Waldmäuse Weltmeister im Langstreckenlaufen.

Es war nämlich gar nicht ungewöhnlich, daß Waldmäuse und hier besonders jüngere Tiere über zwanzig Kilometer in einer Nacht zurücklegten. Ältere Waldmäuse schafften immerhin im Schnitt auch zehn Kilometer pro Nacht. Den Rekord jedoch hielt eine junge Waldmaus mit der Strecke von siebenunddreißig Kilometern und siebenhundertneunundfünfzig Metern, in Ziffern 37759 m!

Das ist schon eine gewaltige Leistung für ein Tier, das

nur ein Körpergewicht von rund fünfundzwanzig Gramm auf die Waage bringt.

Und unsere Mäuse liefen diese Strecken in ihren Laufrädern Nacht für Nacht. Sie fraßen nicht mehr als Mäuse, die kein Laufrad zur Verfügung hatten. Sie nahmen an Gewicht nicht ab. Sie waren schlicht normal, bis auf die Lauferei. Etwas fauler zeigten sich die Gelbhalsmäuse, die über acht Kilometer pro Nacht selten hinauskamen. Sie sind schwerer, vielleicht lag es daran.

Da wir auch die Laufgeschwindigkeit messen konnten, fanden wir heraus, daß die Mäuse durchschnittlich sechzig Meter in einer Minute zurücklegten, wenn es sich um Waldmäuse handelte. Die Gelbhalsmäuse brachten es auf etwa vierzig Meter pro Minute.

Was treibt die Mäuse zu solchen Leistungen?

Die Antwort darauf ist sehr schwer zu erbringen, und eigentlich lassen sich nur Vermutungen anstellen.

Allen unseren Beobachtungen nach, die subjektiv sein mögen, aber durch jahrzehntelanges Beobachten von Tieren zumindest aus der Erfahrung heraus eine gewisse Berechtigung haben, laufen die Mäuse einfach gerne. Es kostet sie keine Anstrengung, das Rad in Betrieb zu setzen. Leichtgängig wie diese Laufräder sind, bewegen sie sich ohne Kraftaufwand, sobald die Maus mit einer Pfote in die Speichen greift.

Unterstützt wird diese Behauptung auch dadurch, daß die Mäuse eben »wütend« werden oder »frustriert«, wenn nichts mehr geht. Vielleicht liegt der Geschichte aber auch eine gewisse Neigung zur Flucht zugrunde, trotz aller Ungestörtheit, der Trieb, »heim zum Nest zu kommen«. Um hier eine Lösung zu finden, müssen die Versuche weitergehen. Wir konnten bei den Laufraduntersuchungen auch noch anderes beobachten. Wir konnten feststellen, daß sich mit Hilfe eines Laufrades Aggressionen abbauen lassen. Dazu muß man wissen, daß sich zwei fremde Mäuse, die auf engem Raum plötzlich zusammengebracht werden, fast immer in die Wolle kriegen, übereinander herfallen und sich beißen.

Bringt man aber zwei Mäuse zueinander, die beide ein Laufrad kennen und darin zu laufen gewohnt sind, dann passiert dies: Beide springen ins Rad – in dem sich auch zu zweit laufen läßt –, laufen und laufen und denken nicht mehr daran, sich zu bekämpfen. Während des Laufens gewöhnen sie sich dann aneinander und vertragen sich künftig. Jedenfalls sehr oft geht das so. Vielleicht ließen sich Laufräder auch in der menschlichen Gesellschaft hie und da zum Abkühlen der Gemüter verwenden. Die Rübensamen, von denen unsere Geschichten ja ihren Ausgang nahmen, hatten jedenfalls einiges nach sich gezogen. Mit diesen Samen und den Mäusen, die sie auffraßen, kamen wir allerdings nicht weiter. Was wir auch versuchten, die Mäuse behielten die Oberhand und ließen sich durch nichts davon abhalten, die so sehr beliebten Samen zu fressen.

Der Saatzuchtbetrieb stoppte schließlich den Nachschub an Samenpillen und Geldern. Er wußte auch keinen Rat mehr, nachdem ich nur laufend von Mißerfolgen berichten konnte.

Bis heute ist es ein Rätsel, warum sich die Mäuse durch nichts vom Verspeisen der Samen abhalten lassen und wie sie diese trotz Verstänkerung der ganzen Gegend doch finden. Und bis heute ist kein Mittel dagegen gefunden worden. Die Landwirte müssen weiter mit ihren Springmäusen leben.

Ich lebe inzwischen mit jener Studentin, die mir vor vielen Jahren bei den Mäuseversuchen geholfen hat. Sie ist meine Frau geworden. Auch Mäuse können eben verbinden.

Thea, die Schildkröte

Als Kind, als Schüler schon, war ich fast jede freie Minute draußen, um Tiere zu suchen, zu beobachten, zu fangen und mich mit ihnen zu beschäftigen. Auch in der Studentenzeit ging das so weiter und schließlich noch in den ersten Jahren im Beruf, bis mich dieser so in den Griff bekam, daß mir für anderes kaum mehr Zeit blieb.

Durch die ständigen Beobachtungen in freier Natur wird man geschult. Augen und Ohren werden unglaublich geübt im Wahrnehmen von Vorgängen, die andere Menschen nicht einmal ahnen. Manchmal glaubte ich damals, ich hätte das Dritte Auge oder den Siebten Sinn oder sonst irgendwelche überirdischen Fähigkeiten, bis ich dahinterkam, daß es eben nur die Übung war, die mich zum Ziel brachte.

Meine Studenten schauen auf unseren Exkursionen immer ungläubig drein, wenn ein kleiner Vogel vorbeizischt und ich ihnen sage, das war dieser oder jener. Die meisten haben gar nicht gesehen, daß da etwas geflogen kam, geschweige denn die Art erkannt. Nur durch jahrzehntelanges Hinsehen bekommt man die Fähigkeit, ein Tier auch an scheinbar unscheinbaren Kleinigkeiten zu erkennen und zu bestimmen.

Oder man findet ein Tier in einer Umgebung, sein Nest oder seine Jungen, in der ein weniger Geübter tagelang herumkriechen könnte, ohne Erfolg zu haben.

Am Neusiedlersee mit seinen riesigen Schilfwäldern wollte ich einmal unbedingt das Nest einer Großen Rohrdommel sehen und drang irgendwo in diesen Schilfverhau ein, zu Fuß und ohne rechten Plan. Ich stapfte eine Viertelstunde in glühender Hitze und von Mücken halb aufgefressen durch das Halmdickicht, sah keinen Meter weit und schimpfte mich selbst total verrückt. Dann stand ich plötzlich vor dem Rohrdommelnest mit vier Jungen darin.

Zufall? Vielleicht, aber solche Zufälle gab es zu oft, als daß es wirklich nur Zufälle gewesen sein konnten. Da muß schon der gewisse »Riecher« dabei im Spiel sein oder das »G'spür‹, wie die Bayern es nennen. Ich will das nicht weiter breittreten, doch es ist ganz sicher so, daß die einen in handwerklichen Dingen über lange Zeit eine Fingerfertigkeit entwickeln, andere eine Fertigkeit der Augen und Ohren, wenn sie nur oft genug benutzt werden. Es ist kein Wunder, daß unsere Sinne verkümmern, wenn sie nicht gebraucht werden, und besonders die Stadtmenschen entsinnen sich kaum mehr, wozu Augen und Ohren und mitunter auch die Nase eigentlich da sind.

Vor Jahren ging ich an einem Februarabend durch die City mit all ihrem Lärm und Verkehr, dem hastigen Treiben und lauten Getön und hörte auf einmal einen Uhu balzen. Es ist kein Witz!

Auf der Fahnenstange eines Kaufhauses saß ein Uhumännchen und rief sein Bu-hu über die Dächer. Es handelte sich um einen jener ausgewilderten Uhus, die in Gefangenschaftszuchten in Menschenobhut aufgezogen worden waren. Der eine oder andere von diesen großen Vögeln findet Gefallen an einem Leben in der Großstadt.

Die Menschen kennt er aus seiner Jugend als ungefährlich. Die hohen Häuser sind für ihn Felsen und Schluchten, und Nahrung gibt es im Überfluß: Stadttauben, Ratten, Enten, Kaninchen und sonst allerlei, das einen Uhu erfreut. Mich hat es damals beim ersten Bu-hu derart gerissen, daß ich von den hinter mir gehenden Menschen beinahe über den Haufen gerannt worden wäre. Ich stellte mich dann in einen Hauseingang dem Uhu gegenüber und sah und hörte ihm zu, total fasziniert von diesem Geschehen. Und während der gut zwanzig Minuten, die ich dastand und in denen der Uhu unaufhörlich balzte, reagierte kein einziger der vorübereilenden Menschen darauf.

Nur ein Kind.

Dieses Kind wollte stehenbleiben und lauschen und fragte seinen Vater, der es am Arm zog, was das sei. »Eine Taube«, sagte der Mann und zog das Kind weiter.

Der Uhu, der einen Ring trug, balzte noch ein paar Wochen vergeblich und wurde schließlich von einem Auto überfahren.

Aber nun muß ich nach diesem kleinen Ausflug zu meiner Geschichte von Thea kommen.

Ich saß im Garten und hatte mein Fernglas an den Augen, verfolgte damit einen Eichelhäher, der mit Nistmaterial im Schnabel hin- und herflog und offensichtlich irgendwo ein Nest baute.

Das Nest wollte ich finden und konzentrierte mich ganz auf den Häher.

Es war ein warmer, sonniger Maitag, und plötzlich signalisierten mir meine Augenwinkel und mein Gehirn eine ungewohnte Bewegung links von mir.

Ich nahm das Glas herunter und schaute mich um, was ich eigentlich gar nicht wollte, weil mir dadurch der Eichelhäher entging, der eben wieder zum Nest geflogen war oder jedenfalls in dessen Richtung.

In der Rabatte links von mir unter einem Haufen Laub und Erde rührte sich etwas. Da schob wohl ein Maulwurf.

Ich war schon dabei, das Glas wieder an die Augen zu heben, als in dem Gemulme etwas auftauchte, das überhaupt nicht nach einem Maulwurfszubehör aussah. Ein nackter Kopf. Ein Schildkrötenkopf.

Er sah so alt aus, wie eben Schildkrötenköpfe aussehen. Nasenlöcher und Augen waren mit Erde verklebt. Langsam hob und senkte sich die Haut an der Kehle beim

Atmen. Ich stand auf, ging die paar Schritte hinüber und faßte nach. Damit hielt ich eine prächtige ausgewachsene Griechische Landschildkröte in den Händen.

Ein Blick auf ihren Bauchpanzer, der glatt und eben war, verriet mir ihr Geschlecht. Ein Weibchen. Beim Männchen ist der Bauchpanzer konkav zum Körper eingewölbt, damit es während der Paarung nicht gar so leicht vom Rükken seines Weibchens abrutschen kann.

Ich hatte keine Ahnung, woher die Schildkröte stammte. Offenbar hatte sie in der Rabatte überwintert, vielleicht auch nur die vergangenen recht kühlen Tage dort verbracht. Ich setzte sie auf den Boden, und sie streckte alle Viere von sich, tat einen schwachen Seufzer und blieb liegen. Die große Lebensfreude schien nicht in ihr zu stekken. Mir kam die Idee, daß ihr ein lauwarmes Bad guttun würde, und befreite sie gleichzeitig von Erde und Staub. Nun sah sie schon recht schmuck aus.

Sie lag gewichtig in meiner Hand, ihre vier Stampferchen halb angezogen, und blinzelte mich an. Irgendwie erinnerte sie mich an meine Cousine Galathea. So hieß sie fortan Thea, die Gewichtige.

Griechische Landschildkröten gehören nicht in unsere heimische Tierwelt. Sie sind in Süd- und Südosteuropa zu Hause, unter anderem auch in Griechenland. Dort wurden sie noch bis vor wenigen Jahren massenweise eingesammelt und als »Haustiere« in alle Welt verschifft. Die meisten gingen schon während des Transportes ein, der Rest bei den fast stets schildkrötenunerfahrenen Käufern. Nur wenige Schildkröten konnten einige Jahre überleben.

Inzwischen ist der Handel mit diesen Schildkröten verboten, und das ist gut so.

In ihrer Heimat ist es warm und trocken. Das mögen und das brauchen sie. Dort, wo man sie hinschaffte, war es meist kühl und naß. Das mochten sie nicht. Deswegen starben sie auch bald.

Und Landschildkröten teilten das Los mit Wellensittichen und Kanarienvögeln, wenn sie ihrem Besitzer irgendwann auskamen. Davon lebte und lebt noch heute im Fall der Vögel der Tierhandel.

Auch Thea war irgend jemandem ausgekniffen. Landschildkröten sind, wenn es schön warm ist, längst nicht so träge, wie man gemeinhin annimmt. Sie können auf ihren Säulenbeinen eine ganz ordentliche Geschwindigkeit erreichen. Jedenfalls sind sie schnell genug, um durch eine Hecke oder unter einem Gartenzaun hindurch zu verduften, wenn man sie nur fünf Minuten aus den Augen läßt. Und dann finde einer sie wieder im Gras und Kraut!

Die Schildkröten wissen genau, wo es langgeht, wenn sie sich einmal eine Richtung in den Kopf gesetzt haben. Nichts hält sie ab, stur wie ein Panzer suchen sie sich ihren Weg. Und weg sind sie.

Wenn es kühl wird im Herbst, graben sie sich in die Erde, in einem Misthaufen oder an einer ähnlichen passenden Stelle ein und verbringen den Winter schlafend. Ist der Winter nicht zu kalt und greift der Frost nicht zu tief in den Erdboden, können sie ohne Schaden die Sache überstehen. Aber das gelingt nur selten.

Als Bub hatte ich einmal die nicht so gute Idee, Griechische Landschildkröten auf dem Besitz meiner Eltern in Österreich auszusetzen, in der Hoffnung, sie mögen sich dort vermehren. Ich beschaffte mir also fünf oder sechs und ließ sie laufen. Es gab dort nur Wiesen und Wald, und ich war der festen Meinung, sie müßten sich himmlisch wohlfühlen.

Ich traf trotz intensiver Suche schon im kommenden Jahr keine mehr an.

Dafür entdeckte ich drei Jahre später, als ich einen Haufen der Roten Waldameise auseinandernahm (was man heute nicht mehr tun darf), um die Puppen und Larven an einen jungen Vogel zu verfüttern, einen leeren Panzer einer Griechischen ganz unten in diesem Ameisenhaufen. Das Tier mußte sich den unpassenden Ort zum Winterschlaf ausgesucht haben und war dann von den Ameisen im Schlaf aufgefressen worden.

In Mitteleuropa gibt es überhaupt keine Landschildkröten. Die einzige Schildkröte, die sich ein Leben in unseren Breiten leisten kann, ist die Europäische Sumpfschildkröte, eine Art, die im Wasser lebt und nur zum Sonnen und zum Eierlegen an Land geht. Sie kann zwar recht gut über Land marschieren, macht aber selten Gebrauch davon. Meist liegt sie auf einem ins Wasser gefallenen Baum oder am Uferrand und läßt sich wärmen, um beim geringsten Zeichen einer Gefahr mit einem Plumpser im Wasser zu verschwinden.

Ob es heute in der Bundesrepublik noch alte Bestände der Sumpfschildkröte gibt, ist äußerst fraglich. Es werden immer einmal wieder Tiere beobachtet, aber mit ziemlicher Sicherheit stammen diese aus Südeuropa – wo es sie reichlich gibt –, wurden dort gefangen, als lebende Mitbringsel hierher verfrachtet und dann in einem Dorfweiher oder einem anderen Gewässer ausgesetzt.

Überleben können sie schon, aber vermehren können sie sich vermutlich nicht mehr.

Ihre Eier müssen nämlich durch Sonnenwärme im Erdboden in Ufernähe erbrütet werden. Die Jungen müssen so rechtzeitig im Sommer oder Spätsommer schlüpfen, daß sie sich noch genügend Nahrungsreserven für den Winterschlaf anfressen können.

Nun werden unsere Sommer immer kühler und kürzer, und zumindest in nördlichen Breiten schlüpfen die Jungen dann zu spät. Oder sie kommen überhaupt nicht aus den Eiern. Jedenfalls sind in den vergangenen Jahren nirgends und von niemandem junge Sumpfschildkröten beobachtet worden. Und nur ihr Vorhandensein wäre ein untrüglicher Beweis dafür, daß sich diese Art bei uns noch selbst erhalten kann.

Manchmal findet man auch amerikanische Schmuckschildkröten in Teichen oder kleinen Seen.

Zum Beispiel die Rotwangenschmuckschildkröte.

Diese Tiere gehören überhaupt nicht nach Europa. Aber geht man in ein Zoogeschäft, so sitzen da nicht selten die Fünfmarkstück großen Jungtiere, die so niedlich aussehen, in einem Terrarium. Der Kaufpreis ist nicht hoch, und da der Verkäufer versichert, die würden nicht viel größer werden, landen sie in einem entsprechenden kleinen Terrarium im Kinderzimmer.

Nur wachsen sie natürlich doch. Bei guter und richtiger Fütterung und Haltung auch ziemlich schnell. Sie können gut handtellergroß werden. Und dann reicht der Behälter längst nicht mehr aus.

Wohin damit? In den nächsten Teich!

Auch diese Amerikaner können durchaus einige Zeit hierzulande überleben, aber ein wirklich kalter und langer Winter rafft sie dann doch dahin.

Im übrigen ist das Aussetzen fremder Tierarten strengstens verboten.

Wenn man, wie ich, an einem Naturhistorischen Museum tätig ist, das auch ein Aquarium mit lebenden Fischen und ein paar anderen Tieren hat, erfährt man bald, was alles sich in privaten Behausungen tummelt und irgendwann zu groß, zu umständlich und zu mühsam wird.

Kaum eine Woche vergeht, in der nicht Schildkröten gebracht werden mit der Bitte, sie zu übernehmen. Das geht natürlich nicht. Die Aufnahmefähigkeit der Terrarien in Museen oder Zoologischen Gärten ist schnell erreicht. Man muß ablehnen. Und ab geht es in den Teich.

Nicht nur Schildkröten enden so, auch Krokodile, Schlangen und manch anderes. Das läßt sich nur stoppen durch ein Verbot des Handels. Und langsam kommt man da zur Einsicht.

Thea, meine Griechische Landschildkröte, die so unvermutet im Garten aufgetaucht war, hatte das warme Bad sichtlich genossen. Es schien Leben in sie zu kommen, soweit das bei einer Landschildkröte überhaupt möglich ist. Sie reckte ihre Beine, und ihr langer, faltiger Hals kam aus dem Panzer heraus. Irgendwie sieht man einem solchen Schildkrötenhals schon an, daß seine Besitzerin zu den ältesten Landwirbeltieren unserer Erde gehört. Er wirkt so alt. Runzelig und faltig.

Wie alt Thea selbst war, konnte ich nur schätzen. Vermutlich hatte sie die Zwanziger schon überschritten. Aber das Wachstum eines Reptils hängt wesentlich von seiner Ernährung ab. Ist sie gut, wächst es schneller.

Körperlich war Thea in Ordnung. Der Panzer war fest, wies keine Verletzungen auf, und auch ein Loch war nicht vorhanden. Sehr oft bohren die Schildkrötenbesitzer ja ein Loch in den Panzerrand, ziehen eine Schnur hindurch und binden die Schildkröte damit an einem Baum fest, um sie am Ausreißen zu hindern.

Inzwischen war es draußen richtig warm geworden, und ich brachte Thea in eine der größeren Volieren, in der im oberen Bereich ein Blaurackenpaar hauste. Der Boden war sozusagen unbewohnt. Gras wuchs üppig, einige höhere Stauden gaben Schatten. Hier konnte Thea zunächst unterkommen, denn ich wollte sie nicht einfach wieder laufen lassen.

Ich brachte ihr Salatblätter und Tomaten. Über die Tomaten fiel sie her. Offenbar war sie rotsüchtig. Sie biß gewaltige Stücke mit ihrem Papageienschnabel ab und verdrückte sie mit Hilfe der dicken, fleischigen Zunge. Scheu war sie nicht, denn obwohl ich unmittelbar daneben hockte und ihr zusah, ließ sie sich nicht bei ihrer Mahlzeit stören. Erst als das letzte Tomatenstück verspeist war, genehmigte sie sich auch einige Salatblätter, nun aber mit geringerer Hast. Entweder war sie satt, oder der Salat war nicht so sehr nach ihrem Geschmack.

Ich baute noch einen Unterstand, eine einfache Hütte aus drei Brettern und einer Steinplatte als Dach, damit Thea bei Regen dort unterkriechen konnte, und ging dann anderen Dingen nach.

Am Abend wollte ich nachsehen, ob bei Thea alles seine Richtigkeit hatte, aber Thea war fort.

Ich entdeckte ein Loch unter dem hölzernen Volierenfundament. Der Rest ließ sich leicht deuten.

Weder Tomaten noch Salat noch eine gesicherte Unterkunft hatten die Schildkröte davon abhalten können, sich wieder auf den Weg zu machen.

Ich fand sie an diesem Abend nicht, und auch am nächsten Tag blieb sie unsichtbar. Die Sonne schien, es war warm, mein Rasen und meine Rabatten boten allerlei verlockende Pflanzensorten, mit denen sich Thea ihren Magen hätte füllen können, aber das Grundstück war so weitläufig und unübersichtlich, daß sie genügend Möglichkeiten hatte, sich unentdeckt herumzutreiben.

Vielleicht war sie auch schon längst durch den Zaun zum Nachbarn oder durch die Aue ans andere Ufer gelangt. Denn auch Landschildkröten können schwimmen. Sie gehen nicht unbedingt freiwillig in tiefes Wasser, aber wenn sie hineinpurzeln, können sie den Kopf über Wasser halten und bei nächster Gelegenheit an Land steigen.

Ich machte mir keine weiteren Gedanken, galt es doch, genug andere Tiere zu versorgen und zu beobachten.

Etwa eine Woche später, die Tage waren noch sonniger und heißer geworden, hörte ich merkwürdige Geräusche aus einer entlegenen Gartenecke. Es klang nach einem jämmerlichen Schnaufen, als würde eine Katze nach Luft schnappen, und als ich den Tönen nachging, stieß ich auf Thea, der ein leibhaftiger Schildkrötenmann den Hof machte.

Jetzt wurde die Geschichte doch etwas merkwürdig. Entweder fielen hier Schildkröten wie Sternschnuppen vom Himmel oder, und das hielt ich für wahrscheinlicher, jemand hatte deren genug und schob sie mir durch den Gartenzaun.

Jedenfalls setzte dieses Paar alles daran, Nachwuchs zu

produzieren. Das etwas kleinere Männchen marschierte mit vor Anstrengung weit geöffnetem Maul hinter der dikken Thea her und versuchte, auf ihren Rücken zu steigen. Da Thea aber weiterging, klappte das nicht. Vor Anstrengung oder Aufregung japsend und keuchend blieb er ihr auf den Fersen, und als sie schließlich stillhielt, kam er dorthin, wo er hinmußte, um die Begattung durchführen zu können. Halb auf Theas Rückenpanzer geschoben, schlug er seinen kurzen Schwanz unter den ihren, und nun paarten sie sich. Es sah jedenfalls so aus, ganz genau war es nicht festzustellen, weil allerlei höherer Bewuchs die beiden Liebenden umgab; die Paarung unter Schildkröten ist keine so einfache Sache wie etwa bei Vögeln, bei denen das in Sekundenbruchteilen erledigt sein kann.

Ich zog mich schließlich auch diskret zurück.

Thea hatte anscheinend das Grundstück als ihr Revier akzeptiert. Nach der Herkunft ihres Galans forschte ich nicht weiter. Sollten die beiden sich ruhig hier vergnügen.

Nahrung genug gab es, Versteckmöglichkeiten ebenso. Blieben sie, war es in Ordnung, trollten sie sich wieder, konnte ich auch nichts machen.

Im Garten, in der Freiheit hatten sie es allemal besser als in einem Käfig. Ich würde ja sehen, was in der nächsten Zeit passierte.

Zunächst passierte wenig. Meist sah ich weder sie noch ihn. Ab und zu tauchten Thea oder der Mann oder auch beide gemeinsam auf einem Rasenstück aus dem Gebüsch oder einer Rabatte kommend auf, sonnten sich oder verspeisten Klee und Löwenzahn. Dann stapften sie wieder davon.

Wo sie übernachteten, blieb ihr Geheimnis.

Wahrscheinlich verkrochen sie sich unter einem der zahlreichen Laubhaufen. Es gab sie reichlich, denn ich kam nicht nach mit dem Aufräumen und kratzte das Laub und kleinere Zweige einfach an allen möglichen Ecken zusammen. Im Herbst würde ich die kleinen Haufen zu einem großen Hafen zusammenkratzen und ein Feuer machen. Jetzt aber blieben sie liegen.

Mehrere Wochen vergingen.

Der Sommer war einer der wärmsten und sonnigsten seit vielen Jahren. Es wurde fast zu trocken, und wenn man nicht jeden Abend spritzte und goß, ließen die Blumen die Köpfe hängen. Die wärmste Stelle überhaupt befand sich an der Südseite des Hauses unterhalb des weit vorspringenden Daches. Hier konnte nur ein windgepeitschter Regenguß den Boden erreichen oder eine Dusche aus dem Gartenschlauch. Pflanzen gediehen kaum, nur ein paar Magerrasenhalme hatten fußgefaßt.

Und eines Nachmittags überraschte ich Thea genau an dieser Stelle. Sie war überaus eifrig damit beschäftigt, ein Loch zu graben. Sie grub mit den Hinterbeinen, aber da diese alles andere als Grabschaufeln waren und der trokkene Boden immer wieder nachrutschte, kam sie nicht recht voran.

Mir war sofort klar, daß meine dicke Thea Eier legen wollte. Sie ließ sich nicht stören, als ich mit meiner Hand etwas nachhalf, das Loch zu vertiefen, und nachdem wir in gemeinsamer Arbeit so weit gekommen waren, daß wir auf etwas feuchteren Grund stießen, schaffte sie den Rest alleine. Thea mußte verschnaufen.

Ruhig hockte sie mit dem Hinterende ihres Körpers über dem Loch und atmete hastig durch das halbgeöffnete Maul. Auf einmal hob sie sich etwas in die Höhe, und in ihrer Kloakenöffnung erschien etwas Weißes. Das erste Ei wurde herausgepreßt, ein glänzender, runder Pingpongball.

Im Verlauf der nächsten halben Stunde folgten fünf weitere.

Dann kratzte Thea die herausgeholte Erde wieder ins Loch, fuhr einige Male mit dem Bauchpanzer glättend über die gefüllte Nestgrube und machte sich auf den Weg davon ins Gebüsch, als wäre weiter nichts gewesen.

Ich mußte mich entscheiden, ob ich die Eier an Ort und Stelle lassen sollte oder ob es sicherer war, sie auszugraben und künstlich zu erbrüten. Das letztere war wohl besser.

Einmal war das Wetter ein großer Unsicherheitsfaktor. Wenn es nicht sonnig und warm blieb, würden sich die Jungen in den Eiern gar nicht weit genug entwickeln, um vor der kühlen Herbstzeit zum Schlupf zu kommen. Außerdem drohte Gefahr von allen möglichen Tieren, die gewollt oder aus Versehen die Eier ausgraben und finden konnten.

Sicher war der Platz von Thea gut gewählt. Sie hätte die Eier sonstwo vergraben können, und hätte sie das getan, so hätte sie vermutlich keiner dabei beobachten können, weil fast überall zuviel Deckung war. Aber die Schildkröte hatte instinktiv diese warme Stelle als die richtige ausgesucht. Nur konnte sie nicht wissen, daß auf den Wettergott in nördlichen Breiten nicht so viel Verlaß ist wie in ihrer südländischen Heimat. Ich grub die Eier aus. Vorsichtig und behutsam, um sie keinesfalls zu drücken oder zu verletzen.

Ich füllte einen großen irdenen Blumentopf mit der lokkeren Erde aus der Grube, legte die Eier in der Lage, in der ich sie gefunden hatte, im oberen Drittel darauf und deckte sie wieder mit Erde zu. Zum Schluß verfestigte ich die Erde ein wenig und drückte dazu mit der flachen Hand, wie Thea dies mit ihrem Bauchpanzer getan hatte.

Im Aquarium meines Museums gab es ab und zu Nachwuchs von Eidechsen, die wir hier unter anderem hielten. Für deren Eier hatten wir einen kleinen einfachen Brutapparat gebastelt, der sich bisher ganz gut bewährte, wann immer er gebraucht wurde.

Dorthin brachte ich Theas Eier im Blumentopf.

Und dann hieß es einfach abwarten.

Die Brutzeit für Reptilieneier läßt sich nicht auf ein oder zwei Tage genau festlegen. Sie hängt im wesentlichen von der die Eier umgebenden Temperatur ab. Im Freiland wechselt sie ständig. Nachts ist sie tiefer als am Tage und bei schlechtem Wetter ebenso.

Im Brutapparat bleibt sie einigermaßen konstant, aber den Schlüpftermin kann man nur annähernd vorausahnen. Und auf keinen Fall darf man nachsehen, ›ob sich was rührt‹, denn nichts nehmen solche Eier mehr übel, als wenn sie in ihrer Ruhe gestört werden. Man muß schon froh sein, wenn sie nicht schimmeln, von irgendwelchen Parasiten heimgesucht werden oder austrocknen.

Nach Berichten von anderen Schildkrötenliebhabern würde es mindestens 62 Tage dauern, bis Junge schlüpfen konnten. Und wußte ich überhaupt, ob die Eier befruchtet waren? So ganz hielt ich die Wartezeit nicht durch. Vielleicht war es ja auch gut, einmal nachzusehen, ob mit den Eiern alles in Ordnung war.

Vorsichtig kratzte ich nach etwa vier Wochen die Deckschicht über dem Gelege beiseite, bis ich die Pingpongbälle freigelegt hatte. Aber zwei von den sechs Eiern waren gar keine Bälle mehr. Sie sahen schrumpelig und eingefallen aus.

Da war etwas faul, und vorsichtshalber nahm ich sie heraus, damit die restlichen vier Eier nicht auch noch verderben konnten. Anschließend deckte ich sie wieder zu. Und wartete weiter.

Nach zweiundsechzig Tagen war in meinem Brutapparat noch immer nichts anderes zu sehen als der Blumentopf mit seiner Erdfüllung. Aber jetzt sah ich zweimal täglich nach, und dann, am vierundsechzigsten Tag krabbelten zwei Junge im Behälter. Die winzigen Schildkrötenkinder, Theas Kinder, wogen eben fünfeinhalb Gramm und waren knappe drei Zentimeter lang.

Nur zwei waren geschlüpft. Die zwei anderen Kinder

hatten sich zwar entwickelt, mußten aber wenige Tage vor dem Auskriechen noch abgestorben sein.

Ich hätte Thea gerne ihren Nachwuchs vorgeführt, obwohl ich kaum annehmen konnte, daß sie sich dafür interessieren würde. Aber Thea war verschwunden.

Ich hatte sie schon bald nach der Eiablage nicht mehr gesehen und mir keine Gedanken darüber gemacht. Vermutlich mußte sie sich von ihrer Arbeit erst einmal erholen und war weniger unternehmungsfreudig als zuvor. Aber sie blieb unsichtbar. Der Wandertrieb mochte sie wieder gepackt haben, und so still und überraschend, wie sie gekommen war, verschwand sie auch. Das Männchen war schon länger fort. Ihre Kinder gediehen prächtig und hatten nach einem Jahr ihr Gewicht bereits verzehnfacht. Ich gab sie dann ab in gute Pflege, und bisher haben sie alle Sommermonate und auch die Winterzeit, die Zeit des tiefen Schlafes, gut überstanden.

Der Ameisenkrieg

Die Felsküsten der jugoslawischen Adria sind für einen Zoologen der richtige Urlaubsort. Mich zieht es dort immer wieder hin.

In den Sommermonaten ist einem die Sonne ziemlich sicher. Etwas entfernt von den Touristenzentren findet man stets noch einen Platz in den Klippen, wo man ungestört seinen Tag verbringen kann, dicht unter sich das Meer und über sich eine schattenspendende Pinie für die heißen Stunden am Mittag.

Bewaffnet mit Taucherbrille, Schnorchel und Gummiflossen läßt sich die Lebewelt im Wasser erforschen. An Land sorgt eine Vielzahl von Insekten für immer neue Entdeckungen, und auch die Eidechsen lassen sich aus nächster Nähe zusehen, solange man sie nicht durch hastige Bewegungen erschreckt.

Leider hat der Tourismus, zumindest in den nördlichen Teilen der jugoslawischen Küstenstriche, für die Tierwelt seine schlechten Seiten. Über und unter Wasser ist ein rapider Artenschwund zu bemerken. So begegnet man den Landschildkröten oder dem Scheltopusik, dem großen Verwandten unserer heimischen Blindschleiche, nur mehr sehr selten. In den Küstengewässern, aber auch weiter draußen gibt es, wie einem die Fischer bestätigen, kaum mehr größere Fische. Was in den kleinen Booten vom nächtlichen oder morgendlichen Fang mitgebracht wird, ist kaum genug für die eigene Familie. Fisch im Restaurant gehört zu den teuersten Speisen. Er kommt von weit her.

Seesterne, Schlangensterne oder größere Muscheln findet der Schnorchler und Taucher nur noch an sehr abgelegenen Stellen. Die Badenden, besonders die Kinder, holen alles heraus, was interessant erscheint. Und dann vertrocknen die Tiere in den Felsen unter der Sonne zu unansehnlichen Klumpen.

Aber auch die Einheimischen selbst treiben Raubbau an der Unterwasserfauna und verkaufen die getrockneten Seesterne, Seepferdchen und Seenadeln, die Muschelschalen und Schneckengehäuse an die Touristen.

Zugenommen haben nur die Seeigel und die Feuerquallen. Den Seeigeln, die an den meisten Uferfelsen so dicht bei dicht sitzen, daß man am besten mit Kopfsprung ins Wasser geht – wobei man bedenken muß, daß man nicht auf die gleiche Art und Weise aus dem Wasser herauskommt –, scheinen die Algen zu munden, die wiederum eine Folge der oft ungeklärt ins Meer strömenden Abwässer sind und sich sehr vermehrt haben.

Adrianeulinge, die ohne Badeschuhe oder geschlossene Schwimmflossen ins Wasser steigen, sieht man dann mit schmerzverzogenen Gesichtern in den Klippen sitzen und die Stachelspitzen aus Füßen und Händen stochern. Es kann zu bösen Entzündungen kommen, denn die abgebrochenen Stacheln der Seeigel haben die unangenehme Eigenschaft, in der Muskulatur zu wandern.

Aber ich kann auch Gutes von diesen Stachelträgern berichten. Wenn man nämlich unbedingt etwas sammeln und als Souvenir mit nach Hause nehmen möchte, dann kann man dies mit den toten Gehäusen abgestorbener Seeigel tun. Sie liegen als rundliche Gebilde zwischen den Felsen im Wasser oder auf dem sandigen Grund, viele davon völlig unbeschädigt. Stacheln tragen sie dann keine mehr, und auch alles Fleisch, das vielleicht unangenehm riechen könnte, ist längst von Fischen, Garneelen und anderem Meeresgetier aufgefressen.

Sucht man genau, so findet man die Seeigelhüllen aus Kalk in allen Größen, von ausgewachsenen Exemplaren bis hin zu knapp einen Zentimeter kleinen Jungtiergehäusen. Und auch die Farben der Kalkgebilde wechseln von rötlich über rosa bis grün und blau.

Merkwürdiger als die Zunahme der Seeigel ist das in letzten Jahren oft massenhafte Auftauchen der Feuer- oder Nesselquallen.

Einheimische berichteten mir, daß es diese Tiere vor etwa zehn Jahren so gut wie niemals in Küstennähe gegeben hat. Jetzt sind die kleinen Buchten zwischen den Klippen, aber auch das Oberflächenwasser weiter draußen oft derart voll von Quallen, daß man nicht ins Wasser gehen kann.

Kommt man mit den Fangarmen dieser Quallen in Berührung, durchfährt einen ein Schmerz wie ein heißer Peitschenhieb. Auf der Haut bleiben bei den meisten Menschen Marken zurück, die an Brandwunden erinnern. Besonders für an Allergien Leidende sind die Folgen oft nicht ungefährlich. Auch hier ist also Vorsicht geboten. Da die Quallen fast durchsichtig sind und nur eine leicht violette Farbe haben, sieht man sie im Wasser kaum.

Immerhin, trotz dieser Gefahren läßt sich eben mit Schnorchel und Taucherbrille nach wie vor einiges unter Wasser beobachten und entdecken, wenn einem auch die Begegnung mit größeren Fischen versagt bleibt.

Ich will hier aber eigentlich von einer Begegnung in den Klippen an Land erzählen. Einer Begegnung mit Ameisen. Ich lag nach einer Tauch- und Baderunde naß und faul auf meinem Handtuch auf den Felsen. Über mir in den hohen Pinien hielten die Zikaden ihr Nachmittagskonzert ab. Die Felsen um mich herum hatten zahllose Löcher und Risse. Aus einem solchen Riß, einem dünnen Spalt nur, erschienen ab und zu winzige Ameisen, kaum größer als zwei Millimeter, und liefen anscheinend recht ungezielt auf der sonnenwarmen Steinfläche hin und her.

Eigentlich interessierten mich die Ameisen nicht, ich fragte mich allerdings, wovon sie sich ernähren könnten,

denn außer Stein und ein paar dürren Halmen hier und dort gab es nichts, was einer Ameise gefallen konnte.

So blieb ich also doch etwas wachsam und verfolgte die eine oder die andere mit halbgeschlossenen Augen. Die meisten der hin und her irrenden winzigen Geschöpfe verschwanden nach einiger Zeit wieder in eben der Spalte, aus der sie einige Minuten zuvor herausgekommen waren. Andere kamen mir irgendwo am Rande der Klippen aus den Augen.

Dann stieß eine, vielleicht zwanzig Zentimeter von ihrer Heimatspalte entfernt, auf ein kleines Stückchen Käse, das mir beim Mittagessen ausgekommen sein mußte. Die Ameise blieb vor diesem für sie enorm großen Brocken sitzen und betastete ihn mit den Fühlern. Ein Versuch, ihn mit ihren Greifzangen zu packen und heimzutragen, scheiterte.

Sie schaffte es nicht. Sie konnte das Käsestückchen nicht einmal ein wenig bewegen.

Da ließ sie ab und spurtete auf geradem Weg zurück zu ihrer Spalte, in der sie untertauchte.

Sie war noch keine Sekunde darin verschwunden, da strömte ein Gewimmel von Ameisen hervor. Es waren Arbeiterinnen wie die, die eben den Käse entdeckt hatte, aber auch Soldaten mit dicken Köpfen und mächtigen Beißzangen. Es floß nur so aus dem Spalt heraus, einige Dutzend Tiere bestimmt, und alle schlugen sofort den Weg zum Käse ein, der Bahn folgend, die die Finderin zurück zum Spalt im Felsen gelaufen war.

Sie mußte eine Duftspur gelegt haben, um mit deren Hilfe die Artgenossen zur Beute zu locken, und zwar auf dem kürzesten Wege und so schnell wie möglich.

Es dauerte auch nur Sekunden, da war die Schar beim Käse angekommen, und nach einigem Betasten und Untersuchen packten ein paar Arbeiterinnen, unterstützt von den Soldaten, zu und transportierten ziehend und schiebend das gefundene Fressen in Richtung Nest. Natürlich gab es ein Nest, einen Ameisenbau irgendwo am Grund der Spalte. Sehr individuenreich waren diese Ameisenvölker nicht. Kein Vergleich mit den Tausenden von Tieren etwa in einem Staat der Roten Waldameise, die in unseren Wäldern ihre Nesthaufen aus Tannennadeln und anderen kleinen Pflanzenteilchen aufbaut. Aber, wie mir gerade vorgeführt worden war, gab es auch in kleinen Staaten schlagkräftige und tatkräftige Truppen. Nach einiger Zeit hatten die Ameisen das Käsestück an die Spalte heranbugsiert und verschwanden schließlich mitsamt ihrer Fracht im Dunkeln.

Jetzt war ich aber neugierig geworden. Da ließen sich vielleicht während eines Sonnenbades einige kleine Experimente durchführen.

Zunächst galt es, weitere Beute für die Ameisen zu finden. Ich hatte bald eine kleine grüne Heuschrecke erlegt, die mir ebenfalls zu groß erschien, als daß sie von einem dieser Winzlinge alleine abtransportiert werden könnte. Die tote Heuschrecke legte ich auf den Felsen, diesmal aber etwas weiter vom Ameisenbau entfernt. So leicht wollte ich es dem Völkchen diesmal nicht machen.

Jetzt hieß es warten, denn die Kundschafter aus dem Bau waren nicht sehr zahlreich. Oft erschien längere Zeit gar keiner. Und wenn dann die kleinen Krabbler dahin und dorthin über die Steine liefen, fanden sie den Köder noch längst nicht. Sie mußten direkt darauf stoßen oder wenigstens in einer Entfernung von vielleicht einem Zentimeter daran vorbeikommen, um den Braten zu riechen.

Endlich stieß eine Kundschafterameise auf die tote Heuschrecke. Sie verhielt sich genauso wie ihre Kollegin vorher am Käse. Sie stutzte zunächst, betastete die Beute dann von allen Seiten und kam offenbar zu dem Schluß, daß sie damit alleine nicht fertig werden konnte.

Sie lief zum Bau zurück. Um dorthin zu gelangen, konnte sie aber diesmal nicht den geraden und direkten Weg einschlagen, sondern mußte einen Unweg um einen größeren Riß im Fels machen. Sie mußte diesem Riß einige Zentimeter nach links ausweichen.

Dann war sie am Bau und tauchte in der Spalte unter.

Und wieder erschienen unmittelbar darauf zahlreiche Arbeiterinnen und Soldaten und machten sich auf den Weg. Sie folgen der Spur der Kundschafterin, umschlugen den Riß im Fels rechtsherum und gelangten sehr schnell zu der Heuschrecke, die sie in gemeinsamer Arbeit bis zur Heimatspalte zerrten.

In den Spalt hinein paßte diesmal die Beute nicht. Sie war zu groß. Also wurde sie von den Ameisen außerhalb des Baues zerlegt. Und dies geschah wiederum mit erstaunlichem Geschick und höchster Präzision.

Zunächst zwickten einige Soldaten die Beine der Heuschrecke ab. Mit ihren kräftigen Zangen brauchten sie nicht lange dazu. Dann kamen die Flügel an die Reihe.

Damit hatten die Ameisen etwas mehr Mühe, aber es klappte schließlich. Und dann bissen sie der Heuschrecke ein Loch in den Körper und räumten ihn von innen her aus. Aber auch der Chitinpanzer wurde noch zerkleinert und in den Bau transportiert. Nichts blieb übrig.

Nicht das kleinste Krümelchen der Heuschrecke verkam. Es mußte ein Festmahl geben drunten im Bau, denn ganz sicher kamen diese Ameisen nur sehr selten an einen solchen Nahrungsbrocken. Solange ich sie unter Beobachtung hatte, schleppten sie nur diejenigen Dinge zum Bau, die ich ihnen hingelegt hatte. Wovon sie üblicherweise lebten, blieb auch weiterhin ihr Geheimnis.

Nun wollte ich wissen, ob ich mit der Duftspur, die von den Kundschafterinnen gelegt wurde, auf dem richtigen Weg war. Ich wußte wohl, daß verschiedene Ameisenarten solche Duftspuren legen; das war nichts Neues, und hier schien es ganz offensichtlich auch so zu sein. Aber ich konnte ja einmal dazwischenfunken.

Beim nächstenmal, als eine Kundschafterin eine von mir vorbereitete Nahrung gefunden hatte und in der Spalte des Baues verschwand, betupfte ich auf halbem Wege ihre unsichtbare Duftspur mit einigen Tropfen Sonnenöl und harrte der Dinge, die nun kommen würden.

Zunächst kamen die Ameisen in dichtgedrängter Schar. Fix wie zuvor auch verfolgten sie den Weg der Genossin in umgekehrter Richtung. Dann stießen sie auf das Öl. Und aus war es.

Völlig verwirrt stob die Gruppe nach allen Richtungen auseinander, um die Spur wiederzufinden. Es herrschte ein heilloses Durcheinander, bis eine Ameise zufällig jenseits der Öltropfen wieder Kontakt mit der Spur bekam. Sie lief zurück zu ihren Baugenossen, legte offenbar die fehlende Spurstrecke neu, und schon war alles wieder im Lot, und die Schar erreichte jetzt ohne weitere Schwierigkeiten das Ziel.

Dieses Herumsuchen und Laufen nach allen Richtungen schien zunächst völlig planlos, aber natürlich stieg die Wahrscheinlichkeit, auf eine Spur oder eine Beute zu stoßen, mit dem Hin und Her an, zufallsbedingt allerdings. Wären die Ameisen immer nur geradeaus marschiert, hätten sie unter Umständen das Ende der Welt erreichen können, ohne auf das zu stoßen, was sie suchten.

Mein nächster Köder war eine tote Hummel, die ich im Wald unter den Pinien gefunden hatte und die mir noch frisch genug schien, um den Ameisen zu schmecken. Das war nun ein gewaltiger Brocken, der an Größe alles übertraf, was ich meinem Völkchen bisher anbieten konnte. Ein dichter Pelz schwarzer und gelber Haare bedeckte den Hummelkörper.

Ich legte sie abermals in einiger Entfernung vom Bau auf den Stein, bis sie entdeckt wurde und die Finderin eiligst zurücklief, um die freudige Botschaft neuen Nahrungsnachschubs zu überbringen.

Doch diesmal mußte nicht nur die Nachricht »es gibt etwas einzutragen« mit der Duftspur übermittelt worden sein, sondern eher »es gibt etwas enorm Großes einzutragen«, denn die Zahl der ausschwärmenden Ameisen schien gar kein Ende nehmen zu wollen.

Mir kam es auch so vor, als seien mehr Soldaten zu Hilfe gerufen worden, und alle machten den Eindruck größter Aufregung. Nun mag ich dies letztere zumindest ein wenig subjektiv gesehen haben in meiner eigenen Begeisterung, ganz bestimmt jedoch erschienen wesentlich mehr Tiere als bisher.

Um die tote Hummel entstand ein rechtes Gewimmel, aber sofort begannen die Ameisen ihre Arbeit. Diesmal wurden die durchsichtigen Flügel gleich am Fundort abgebissen. Anscheinend enthielten sie keinerlei nahrhafte oder sonst im Bau zu verwertende Anteile.

Als dies erledigt war, ging es daran, die Hummel zum

Bau zu schaffen. Der Weg dazu führte etwas bergan, und auf dem glatten Stein geriet der dicke, rundliche Insektenkörper immer wieder ins Rollen und purzelte eine kleine Strecke zurück. Jedesmal waren die Ameisen dann von Panik ergriffen. Aus menschlicher Sicht mußten sie denken, die Beute sei wieder zum Leben erwacht und wolle sich davonmachen. Aber sie fanden sie natürlich schnell wieder, und nach mehrmaligem Hin und Her hatten sie die Hummel bis an den Rand der Spalte geschafft.

Dieser ging es nun im wahrsten Sinne des Wortes an den Pelz.

Zuvor, für den Transport zum Nest, war der Pelz für die Ameisen recht praktisch gewesen, konnten doch viele gleichzeitig mit ihren Zangen in die Haare greifen und ziehen. Jetzt war er überflüssig und offenbar genauso wertlos wie die Flügel.

Die Hummel wurde kahlgeschoren. Der Rest von ihr aber konnte Verwendung finden, und so ging die Zerkleinerung vor sich, wie früher schon bei der Heuschrecke beschrieben, nur daß es diesmal um einiges länger dauerte. Aber als ich nach einem kleinen Ausflug zwei Stunden später zurückkehrte, war nichts mehr zu sehen.

Der Leser möge mir nun verzeihen, wenn ich jetzt ein Experiment schildere, das manch einem etwas grausam erscheinen mag. Vergessen wir jedoch dabei nicht, daß alles, was die Ameisen tun, völlig instinktiv und nach einer von der Natur vorgegebenen Automatik abläuft und daß ihnen irgendwelche Gefühle, wie wir sie bei höherstehenden Wirbeltieren durchaus mit Recht voraussetzen können, fehlen. Auch könnte das im folgenden Geschilderte sich jederzeit auch ohne menschliches Zutun ereignen.

Was, so fragte ich mich, als das Auffinden und Abtransportieren von Beutestücken keine Neuigkeiten mehr bot, was würde geschehen, wenn zwei der kleinen Ameisenvölker gleichzeitig auf eine für sie interessante Nahrung stoßen sollten? Es gab nämlich in den Klippen mit ihren Spaltensystemen zahlreiche Ameisenvölker, deren Wohnsitze manchmal nur einen halben Meter voneinander entfernt lagen. Das Territorium eines Volkes war nicht sehr weitreichend. Ab und zu begegneten sich auch Mitglieder verschiedener Völker zufällig, aber dabei passierte nichts weiter, als daß die zwei Aufeinandertreffenden einen kurzen Augenblick stutzten, dabei offensichtlich über den Eigengeruch feststellten, daß sie nicht zusammengehörten und dann eiligst ihre eigenen Wege weiterliefen.

Man vermied Streitigkeiten dabei, und stets blieb der Frieden gewahrt.

Was ich untersuchen und beobachten wollte, war dies: Ein Beutetier mußte möglichst gleichzeitig oder zumindest kurz nacheinander von Kundschafterinnen verschiedener Ameisenvölker aufgefunden und im Bau gemeldet werden. Auf die Alarmierung hin würden sich dann zwei

Ameisenscharen auf den Weg machen, um die Beute zu bergen, an der sie zusammentreffen mußten. Wie würden sie sich dort verhalten, was würde darüber entscheiden, welche Schar schließlich die Beute abtransportieren konnte? Eine Heuschrecke als Köder war schnell gefangen. Ich legte sie genau in die Mitte zwischen die Wohnspalten von zwei Ameisenvölkern.

Aber nun begann eine endlose Warterei, denn es mußten wirklich die beiden Kundschafter ziemlich zur selben Zeit die Heuschrecke entdecken. Andernfalls wäre sie ganz normal von einer Schar zu deren Nest geschleppt worden, und die Ameisen vom anderen Nest hätten gar nichts mitbekommen.

Jedesmal, wenn ein Kundschafter der Heuschrecke so nahe kam, daß die Gefahr des tatsächlichen Entdeckens bestand, aber kein Kundschafter der anderen Truppe in Reichweite war, mußte ich schnell die Heuschrecke wegnehmen und konnte sie erst wieder plazieren, wenn die Ameise weitergezogen war.

Nachhelfen ließ sich auch nicht. Ich versuchte zwar, die eine oder andere Ameise etwas in die Richtung der Beute zu dirigieren, indem ich mit der Hand Schatten machte oder sie mit einem Halm stupste, aber das wurde übelgenommen. Sie ließen sich nicht drängen und nicht beeinflussen. Geduld war angesagt. Nur der Zufall konnte den Erfolg herbeiführen. Aber Geduld ist sowieso eine Eigenschaft, ohne die man als Naturforscher nicht auskommt. Ich hatte ja auch nichts anderes vor, und ob ich mich eine Stunde auf den Klippen dem Müßiggang des Urlaubs hingab oder drei oder vier, war ja gleichgültig. Nur durfte ich meinen Platz nicht verlassen, ohne die Heuschrecke mitzunehmen, sonst wäre nach meiner Rückkehr vielleicht alles vorbei gewesen.

Am dritten Tag wurde ich des Wartens auf den Zufall müde. Das Ende meines Urlaubs näherte sich auch. Gerade noch rechtzeitig kam mir die Idee, wie ich die Geschichte angehen mußte.

Ich benutzte die Heuschrecke wie einen Köder am Angelhaken. Ich nahm sie mit einer kleinen Pinzette hoch und hielt sie einer suchenden Ameise hin. Wenn diese bei der Begutachtung auf die Heuschrecke krabbelte, trug ich beide schnell zum ursprünglichen Lageplatz der Beute und legte sie dort ab. Da es sich bei dieser Strecke nur um etwa zehn Zentimeter handelte, merkte die Ameise den Betrug gar nicht und lief, ihre Duftspur legend, zum Bau zurück. Während sie noch unterwegs war, verfuhr ich ebenso mit einer Kundschafterin aus dem Nachbarbau.

Und damit wurde es spannend.

Lassen Sie mich den beiden Ameisenstaaten, die in mein Experiment verwickelt wurden, die Bezeichnung Nord- und Südstaat geben, der einfacheren Bezeichnung wegen. Tatsächlich lag auch der eine Bau nördlich und der andere südlich des ausgelegten Köders.

Kaum waren die beiden Kundschafterinnen in ihren Spalten verschwunden, kamen auch schon, wie gehabt, die Scharen der Helfer hervor. Arbeiterinnen und Soldaten liefen aus nördlicher und südlicher Richtung herbei, und kurz darauf stießen die Spitzen der Trupps bei der Heuschrecke aufeinander.

Was nun folgte, geschah für mich, der ich ja erstmals Zeuge wurde, in so blitzartiger Schnelligkeit, daß ich dem Geschehen kaum als neutraler Beobachter gerecht werden konnte.

Sowie ein Südstaatler auf einen Nordstaatler traf, verkrallten sich die Beteiligten ineinander, und es kam nur darauf an, wer wen schneller mit seinen Zangen totgebissen hatte. Arbeiterin hatte gegen Arbeiterin gleiche Chancen. Die Zangen suchten sofort nach der dünnsten und am leichtesten durchtrennbaren Stelle zwischen Kopf und Brustteil. Wer hier als erste zuzwicken konnte, blieb Sieger.

Überall entwickelten sich Kämpfe zwischen den beiden Parteien. Aber die Methoden des Kampfes waren unterschiedlich.

Traf ein Soldat des Nordstaates auf eine Arbeiterin des Südstaates oder umgekehrt, war die Arbeiterin von vornherein verloren. Gegen die mächtigen Zangen des Soldaten gab es für eine einzelne Arbeiterin keine Verteidigungsmöglichkeit. Mit einem einzigen gekonnten Zugriff wurde sie geköpft.

Aber an manchen Stellen kämpfen mehrere Arbeiterinnen gegen einen einsamen Soldaten. Und dabei gingen sie taktisch einfach gekonnt vor. An jedem der sechs Beine des Soldaten verbiß sich eine Arbeiterin und machte ihn dadurch bewegungsunfähig. Er wurde festgehalten, bis ein Soldat aus dem Staat der Arbeiterinnen zu Hilfe eilte und dem gefesselten Kampfgenossen wiederum durch Abtrennen des Kopfes den Garaus machte.

Die Köpfe rollten reihenweise. Das Schlachtgetümmel war perfekt. Die Heuschrecke, eigentlicher Anlaß des ganzen, schien völlig vergessen und lag inmitten des Kampffeldes. Natürlich kämpfen auch Soldaten untereinander.

Sie hatten wesentlich mehr Mühe unter sich. Sie waren ein gutes Stück größer und kräftiger als die Arbeiterinnen, und auch der Hals war dicker. Aber nach einigem Gerangel schafften auch sie es, sich zu köpfen oder den Hinterleib von der Brust zu trennen.

Ich muß sagen, sosehr mich dieses Schauspiel faszinierte, ein leichtes Grausen überkam mich doch dabei.

Minuten waren erst vergangen, seit die Ameisen zusammengestoßen waren, aber der Stein war bedeckt mit Toten.

Ich befürchtete ernstlich, die Staaten, zumindest soweit sie aus den Bauen hervorgekommen waren, würden sich völlig aufreiben und vernichten.

Doch plötzlich trat eine Wende ein.

Irgendwie mußten die Ameisen ein Übereinkommen getroffen haben, den Kampf zu beenden. Ameisen, die sich eben noch verkrallt hatten, ließen von einander ab. Traf ein Nordstaatler auf einen Südstaatler, verbiß er sich nicht mehr mit ihm, sondern rannte hastig weiter. Dabei zogen sich die feindlichen Scharen langsam aber deutlich in Richtung ihrer Baue zurück.

Eine Nachhut aus einigen Soldaten bildete auf beiden Seiten den Abschluß der Formationen.

Keine drei Minuten später waren alle Ameisen wieder in ihren Spalten verschwunden, und wären da nicht die einsame Heuschrecke und die Köpfe und Körper der Hingemetzelten gewesen, ich hätte das alles geträumt haben können.

Auf die Gefahr hin, daß ich mir endgültig den Ruf eines grausamen Schlächters einhandele, muß ich gestehen, daß ich diesem Kampf noch einige wenige weitere Kämpfe folgen ließ, die ich auf die beschriebene Art und Weise provozierte und die alle ebenso verliefen.

Der Kampf entwickelte sich offensichtlich wegen der in Aussicht stehenden Beute. Denn wenn sich sonst einzelne Ameisen aus verschiedenen Staaten trafen, ließen sie sich in Ruhe.

Um die Beute wurde mit absoluter Härte gekämpft und dem Gegner zunächst kein Pardon gegeben. Warum aber ließen die Gegner dann auf einmal von einander ab?

Worin bestand das Signal zum Rückzug?

Es hatten sich nicht immer beide Parteien gleichzeitig zurückgezogen. Zweimal trat zunächst die eine Partei den Rückzug an, kurzfristig noch vom Gegner verfolgt, bis dieser dann seinerseits aufgab.

Und warum kümmerte sich keine einzige Ameise um das begehrte Beutetier?

Für die Frage, wann der Kampf abgebrochen wird, kam

mir nur eine mögliche Erklärung. Wahrscheinlich entsteht durch die getöteten und verwundeten Ameisen ein bestimmter Duftstoff, der, wenn er eine gewisse Konzentration übersteigt, signalisiert, mit dem Gemetzel aufzuhören. Es ist dann wichtiger, den Ameisenstaat nicht weiter zu schwächen und ihn am Überleben zu halten, als sich um einen Beutebrocken zu streiten. Für dessen Nichtbeachtung fand ich noch keine Erklärung.

Ich muß wohl dazu bald wieder einmal die Adriaküsten aufsuchen.

Kleiner Vogel in der Stadt

Ich saß im Auto und wartete vor einer Ampel auf grünes Licht. Es war Feierabendverkehr mitten in der Braunschweiger Innenstadt. Eine Fahrspur rechts von mir, zwei links von mir. Vier Fahrspuren kreuzten. Zwischen den Fahrbahnen und den Geleisen der Straßenbahn mittendrin lag eine kleine, runde Verkehrsinsel, deren kurzgeschorene Rasenfläche etwas verloren aus dem Straßengrau herausleuchtete.

Am Rande dieser Insel hockte ein kleiner, brauner Vogel, den ein in der Vogelkunde nicht Bewanderter für einen Spatzen halten konnte.

Es war aber eine Haubenlerche. Und sie hatte den Schnabel voll Futter. Also hatte sie hier irgendwo Junge.

Ich war gerade mit meinen Gedanken so weit gekommen, da mußte ich losfahren und sah im selben Augenblick, wie sich die Haubenlerche mitsamt ihrer Ladung vom sicheren Rand der Verkehrsinsel auf die Fahrbahn begab und sich anschickte, diese laufend zu überqueren.

»Die ist Matsch«, dachte ich und mußte mich schleunigst auf den Verkehr konzentrieren.

Anderntags entdeckte ich zu einer etwas ruhigeren Stunde am selben Platz die Haubenlerche wieder. Sie sah sehr munter aus und war keineswegs Matsch.

Ich fuhr in eine Parklücke und konnte noch beobachten, wie der Vogel zwischen Autos, Straßenbahn und Radfahrern über die vierspurige Straße lief, allen Rädern geschickt ausweichend, und, wenn's gar nicht anders ging, auch einfach über ein Auto wegflog. Dann nahm mir der kreuzende Verkehr die Sicht, und bis ich sie wieder freibekam, war die Haubenlerche verschwunden.

Haubenlerchen hatten mich bis dahin nicht besonders

interessiert. Ich hatte sie wahrgenommen als eine Vogelart, die sich offensichtlich in der Stadt ganz zu Hause fühlte, denn die Lerchen liefen einem immer wieder einmal auf dem Fußweg gewissermaßen vor die Füße. Sehr ängstlich schienen sie nicht. Sie waren nicht gerade zahlreich, aber dadurch, daß sie so ungeniert zwischen Autos und Menschen mit schnellen Trippelschritten umherhuschten, mußten sie ein Ornithologenauge geradezu auf sich lenken.

Diese Haubenlerche, die gewiß Junge hatte, an einem der belebtesten Plätze der Innenstadt, erweckte aber nun doch meine Neugier. Vielleicht würde es ganz spannend werden, diesem Vogel etwas genauer auf die Flügel zu schauen.

Zunächst galt es, mich durch die vorhandene Literatur über Haubenlerchen zu lesen, um zu wissen, was über sie bereits bekannt war und welche Fragen noch offen lagen.

Der Ursprung der Haubenlerche liegt vermutlich in Afrika. Sie ist ein wärmeliebender Vogel und bevorzugt Steppen und Halbwüsten mit spärlichem Bewuchs, der es ihr erlaubt, auf dem Boden zu laufen, Nahrung zu suchen und in der Deckung von Pflanzenbüscheln ihr Nest in einer flachen Mulde anzulegen.

Irgendwann, vor etwa 25 000 Jahren, wanderte die Haubenlerche nach Mitteleuropa ein. In den dann folgenden Eiszeiten wurde es ihr hier wieder zu kalt, und sie verschwand zunächst.

Dann, vor vielleicht 7 000 Jahren, tauchte sie erneut in Mitteleuropa auf, in einer Zeit, als die ersten menschlichen Siedlungen durch Brandrodungen und mit den Anfängen des Ackerbaues entstanden. Wenn Feldflächen unfruchtbar und neue Rodungen notwendig wurden, fand die Lerche auf den brachliegenden Flächen Lebensbedingungen, die ihr zusagten. So lebte sie schon damals in unmittelbarer Nachbarschaft des Menschen.

Das mag so über viele Jahrhunderte geblieben sein, aber

mit zunehmender Intensivierung des Ackerbaus blieben im Umfeld der Städte und Dörfer nur mehr wenige Flächen mit kargem Pflanzenwuchs übrig. Den Haubenlerchen fehlte der Lebensraum.

Aber nun machten sie gezwungenermaßen den Sprung *in* die Dörfer und Städte, wo es größere, freie Flächen gab, die unbebaut waren und vegetationsarm. Um die letzte Jahrhundertwende war sie in den meisten größeren Städten zu Hause.

Die Trümmerwüsten, die der Zweite Weltkrieg in vielen Städten zurückließ, brachten wenigstens den Haubenlerchen Vorteile. Sie fanden in diesen Wüsten auf einmal ganz vorzügliche Lebensräume aus zweiter Hand. Riesige Flächen lagen brach, kaum bewachsen außer von Wildkräutern, die aber mit ihren Samen neben den Spinnen und Insekten die Mägen der Lerchen und ihrer Jungen zur Genüge füllen konnten. Verkehr gab es so gut wie nicht, die Menschen taten den kleinen Vögeln nichts, und echte Feinde, wie Katzen, Turmfalken, Marder oder Igel, hielten sich in Grenzen. Sie kamen ja auch in den ›natürlichen‹ Lebensräumen der Haubenlerche vor.

So gut hatten es die Haubenlerchen in der Nachbarschaft der Menschen noch nie gehabt, nur dauerte dieser Zustand nicht sehr lange.

Mit zunehmendem Wiederaufbau verschwand ein Trümmerfeld, ein freier Raum nach dem anderen, und die Lerchen wurden wieder einmal vertrieben. Zunächst aus dem Inneren, den Zentren der Städte an die Randgebiete und schließlich über diese hinaus in die Neubau- und Industrieviertel, wo sie entweder kurzgeschorene Rasenflächen vor den Wohnblocks fanden oder Wildwuchsgebiete und Ödland zwischen Lagerhallen.

Hier sind Haubenlerchen heute noch zu finden.

Einige blieben aber offenbar auch mitten in der Stadt. Wie meine da, auf der Verkehrsinsel zwischen den Fahrbahnen.

Und wie diese Vögel lebten, wo sie ihre Nester hatten und wie sie mit all dem Verkehr und Menschengetümmel fertig wurden, darüber fand ich wenig. Zwar gab es Hinweise von Nestfunden auf Rasenflächen in der City, in kleinen Grünstreifen am Straßenrand oder sogar auf schottergedeckten Flachdächern. Aber was sie da anstellten, wie Altvögel und Junge in diesen Situationen zurechtkamen – da blieben viele Fragen offen.

Als ich meine Haubenlerche mit Futter im Schnabel gesehen hatte, war es Juni gewesen. Bis ich mich in der Literatur einigermaßen auskannte, war der Sommer und damit die Brutzeit vorüber.

Und im Herbst meldete sich bei mir eine Studentin, die eine Examensarbeit machen wollte.

Ich erzählte ihr die Sache mit den Haubenlerchen und fragte sie, ob das nicht ein Thema für sie wäre. Die Brutbiologie der Haubenlerche in der Stadt!

Die junge Dame, nennen wir sie hier Katrin, hatte zwar im Beobachten von Vögeln noch nicht viele Erfahrungen sammeln können, aber nachdem ich ihr meine Hilfe zu Anfang zusagte, fand sie Gefallen an der Geschichte.

Ich selbst würde gar nicht die Zeit haben, einen Sommer lang hinter den Haubenlerchen herzusein, um sie von morgens bis abends zu beobachten, wie das notwendig ist, will man vernünftige Ergebnisse bekommen. Aber natürlich würde ich Katrin bei ihrer Arbeit über die Schulter schauen und dann mit ihr gemeinsam Neues entdecken. Bis dahin mußte sie sich nun ihrerseits durch das Schrifttum über Haubenlerchen lesen und sich auch mit anderen für die Arbeit notwendigen Angelegenheiten vertraut machen. Im übrigen lassen sich Haubenlerchen auch im Winter bei uns beobachten. Sie ziehen nicht fort, streifen höchstens ein wenig umher, um allzu strengem Frost oder hoher Schneelage auszuweichen, aber richtige Zugvögel sind sie nicht. Sie fallen einem dann ganz besonders auf, wenn sie mit aufgeplustertem Gefieder und schnellen Trippelschritten – es sieht fast so aus, als würden sie über den Boden dahinrollen –, über die vom Schnee geräumten Wege und Straßen laufen. Gerne treiben sie sich vor Abfalltonnen oder vor den Eingängen von Bäckereien oder großen Kaufhäusern herum, denn hier fällt für sie am ehesten etwas Freßbares ab, Brotkrümel, Obstreste oder andere Reste menschlicher Nahrung. Auch ein Insekt oder eine Spinne kommt zum Vorschein, wenn die Wintersonne die Wände der Häuser und Mauern erwärmt, und dort, wo Fernheizungsrohre unterirdisch verlaufen, bleibt es sowieso meist schneefrei. Hier werden Gräser, Kräuter und vom Herbst zurückgebliebene Sämereien frei, die ebenfalls zum Nahrungsangebot der Lerchen gehören.

Männchen und Weibchen lassen sich äußerlich nicht unterscheiden. Beide sind gut tarnend graubraun gefärbt, beide tragen die kleine Federtolle auf dem Kopf, die sie aufrichten können und die den Lerchen ihren deutschen Namen gegeben hat. Dem Kenner gibt aber das Verhalten der Vögel Hinweise auf das Geschlecht, und dann finden sich kleine, individuelle Unterschiede, so daß man nach einiger Übung und mit guter Beobachtungsgabe bei einem Haubenlerchenpaar schon wissen kann, wer wer ist.

Im zeitigen Frühjahr beginnen die Männchen zu singen und ihr Revier abzustecken.

Draußen, in der freien Landschaft, singen die Männchen im Flug, ähnlich der Feldlerche. In der Stadt machen sie es sich einfacher und setzen sich auf Hausdächer, Mauern oder Zäune. Das spart ganz sicher Energie und mag ein Vorteil sein, den diese Vögel durch das Leben in den Städten haben. Mit einem auf Vogelstimmen geschulten Ohr, das vom Verkehrslärm noch nicht völlig taub ist, hört man den kurzen, melodischen Gesang zur Brutzeit allenthalben an geeigneten Plätzen.

Solch ein singendes Männchen hatte Katrin dann im Mai des nächsten Jahres geortet, und zwar genau an dem Platz, an dem ich zwölf Monate zurück den Vogel mit Futter im Schnabel getroffen hatte.

Das Männchen saß meist auf dem Flachdach eines Hotels, das sich direkt neben der vierspurigen Fahrbahn befand.

Vom Hotel ausgehend, überspannte eine Fußgängerbrücke den Platz, ein idealer Beobachtungsposten, da man von der Brücke aus den ganzen Platz mit allen Fahrbahnen, Geleisen und Grünflächen überschauen konnte. Und das auch noch aus der Vogelperspektive!

Aber Katrin konnte zunächst außer dem Männchen nichts weiter finden. Sie suchte daher nach Haubenlerchen an anderen Plätzen der Stadt, bevor wir gemeinsam eine Woche später wieder auf der Brücke Stellung bezogen, bewaffnet mit guten Ferngläsern.

Es war Spätnachmittag. Unter uns flutete der Feierabendverkehr in vollem Strom. Radfahrer und Fußgänger hasteten auf den Rad- und Gehwegen.

Die grasbewachsenen Verkehrsinseln dazwischen wurden von Staren, Bachstelzen, Drosseln und Ringeltauben besucht. Haussperlinge gab es ebenfalls reichlich.

Trotz des ganzen Trubels hörten wir dann das Haubenlerchenmännchen singen, und noch bevor wir es auf seiner Singwarte ausmachen konnten, flog es plötzlich über den breiten Straßenzug und landete dicht neben der Fahrbahn auf einem Grünstreifen.

Und da war auch eine zweite Lerche. Es konnte nur das Weibchen sein. Mit den Ferngläsern sahen wir, daß es wieder Futter im Schnabel trug.

Nun wurde es spannend.

Da lief es auch schon auf die Fahrbahn hinaus und nahm Kurs auf die runde Verkehrsinsel, an deren Kante ich es im Vorjahr zum erstenmal gesehen hatte.

Als der Vogel mitten in der vierspurigen Fahrbahn war, kam eine vierfache Autokolonne auf ihn zu. Er spurtete ein wenig schneller und erreichte die Insel.

Dort blieb er zunächst sitzen, bis eine Ampel den Verkehr stoppte. Sofort lief er wieder auf die Straße und steuerte nun das Hotel links neben uns an. In diesem Moment kam ihm aber der Verkehr im rechten Winkel entgegen, und Sekunden später war der kleine Vogel von Autos umgeben.

Wir gaben ihm keine Chance.

Aber da flog er auf und über die Fahrzeuge weg, um an der Kante des Fußwegs neben dem Hotel wieder zu landen. Diesen überquerte er zu Fuß und verschwand dann in einem etwa drei Quadratmeter großen mit Pflanzen bewachsenen Fleck. Auf der einen Seite führte der Fußweg vorbei, auf der anderen ein Radweg. Dicht daneben war eine Straßenbahnhaltestelle, an der sich etwa ein Dutzend Menschen aufhielten. Wir standen auf der Brücke und dachten beide: Das darf ja wohl nicht wahr sein.

Aber es war wahr, denn kurz darauf erschien das Weibchen *ohne* Futter und flog quer über den Platz davon.

Wir gingen von der Brücke hinunter, um uns die letzte Gewißheit zu verschaffen, und taten, als wir auf dem Fußweg neben dem schütter bewachsenen Fleckchen standen, so scheinheilig und unbeteiligt, wie wir konnten.

Es sollte keiner aufmerksam werden auf das, was wir im Begriff waren zu finden.

Nur mit den Augen suchend, entdeckte ich dann auch schnell das Haubenlerchennest mit drei wenige Tage alten Jungen darin. Weder sie noch das Nest selbst hoben sich deutlich von der Umgebung und dem Untergrund ab. Katrin machte rasch eine Aufnahme vom Standort des Nestes, dann gingen wir erst einmal fort.

Es war schon zum Staunen: Mitten zwischen all dem Verkehr, zwischen Fuß- und Radweg, in Abgasgestank und Getöse, zog das Lerchenpaar seine Jungen auf.

In den nächsten Tagen und Wochen suchte Katrin, inzwischen geübter als zu Anfang, weitere Nester und fand sie auch. Manche befanden sich in einigermaßen »natürlicher« Umgebung, etwa auf Brachflächen zwischen Häusern in Neubaugebieten. Andere aber gaben uns immer wieder Rätsel auf, warum gerade an dieser Stelle ein Paar sich entschlossen hatte, sein Nest zu gründen.

Da war das Nest in einem Betonpflanzkübel auf dem weiten, baum- und strauchlosen Parkplatz eines Kaufhauses. Gar nicht weit davon gab es Brachland und kurzgrasige Grünflächen.

Da war das Nest an einer Wendeschleife einer Straßenbahn, kaum zwanzig Zentimeter entfernt von den Schienen und in direkter Nachbarschaft eines stark frequentierten Parkplatzes. Fünfzig Meter weiter lagen relativ große Rasenflächen ohne ständige Störungen.

Oder das Nest auf einer nur wenige Quadratmeter messenden Verkehrsinsel unter ein paar Stauden, umgeben von Straßenzügen, Rad- und Fußwegen. Um zu diesem Nest zu gelangen, liefen die fütternden Altvögel von der gegenüberliegenden Seite direkt über die Kreuzung und mußten auch noch mit der Straßenbahn zurandekommen. Auch hier gab es in direkter Nachbarschaft Brachland, auf dem die Lerchen ebensogut hätten brüten können.

Offenbar haben Nest, Eier und Jungvögel *im* Nest an derart extremen Neststandorten einen recht guten Schutz, weil, so vermute ich jedenfalls, solche kleinen Verkehrsinseln kaum je von Menschen oder Tieren betreten oder besucht werden und ein Räuber *gar nicht auf die Idee kommt, daß hier etwas zu holen ist.*

Tatsache war, daß zwar gelegentlich ein Ei oder auch zwei Eier aus den Gelegen in den Nestern im Laufe der Bebrütungszeit verschwanden (wobei die Ursachen ungeklärt blieben), daß aber kaum eine Brut völlig verlorenging.

Die Situation ändert sich allerdings drastisch, wenn die jungen Haubenlerchen ihr sicheres Nest verlassen. Sie tun das im Alter von etwa neun Tagen, sind aber zu dieser Zeit noch nicht flugfähig. Sie können zunächst nur laufen. Man kann sich leicht vorstellen, was geschieht, wenn diese Jungen, die ja noch nicht die Erfahrungen der Altvögel mit dem Verkehr haben, sich zu Fuß zwischen Autos, Straßenbahnen, Radfahrer und Fußgänger auf die Fahrbahnen begeben. Und das müssen sie, wenn sie auf einer Verkehrsinsel das Licht der Welt erblickt haben. Sie sind fast ausnahmslos Todeskandidaten.

Von allen Jungen, die aus verkehrsgefährdeten Nestern ausliefen, überlebte nur eines.

Katrin war einmal direkter Zeuge eines ganz typischen Unfalls, und zwar bei den Jungen, die in dem Nest an der Straßenbahnwendeschleife geschlüpft waren.

Zwei Junge kamen dort zum Auslaufen, und beide setzten sich oben auf die Straßenbahnschienen, um dort die noch fütternden Eltern zu erwarten.

Da die Straßenbahnzüge immer erst eine Weile am Wendeplatz hielten, bevor sie zu einer neuen Tour anfuhren, konnte Katrin durch freundliche Verhandlungen mit den Bahnführern zunächst während der ersten Stunden die Jungen retten. Aber dann hüpfte eines auf die Schienen direkt vor die bereits angefahrene Bahn. Nur durch einen todesmutigen Hechtsprung gelang es Katrin, das Junge noch von den Schienen zu schupfen. Beim nächstenmal aber kam sie zu spät, das Junge wurde überrollt. Am nächsten Morgen fehlte auch das zweite, dem gewiß das Gleiche zugestoßen war.

Angesichts der Tatsache, daß also kaum Junge in der Innenstadt nach der Nestlingszeit überleben, stellen sich zwei sehr wesentliche Fragen: Wie kommt es, daß Haubenlerchen über Jahre immer wieder solche extremen Neststandorte aufsuchen, um dort zu brüten, und wie sammeln sie die Erfahrungen, die ihnen zumindest als älteren Vögeln das Überleben im Verkehr möglich machen?

Die erste Frage ist nicht klar zu beantworten, bevor nicht weitere Untersuchungen, zum Beispiel mit individuell gekennzeichneten Vögeln, gemacht werden. Sicher ist nur, daß die Neststandorte nicht traditionell weitergegeben werden können, daß also die Jungen nicht einfach an den Brutplatz zurückkommen, an dem sie selbst geboren wurden. Sie können es nicht, weil sie tot sind.

Es muß für die Haubenlerchen irgendwelche sehr anziehende Dinge dort geben, daß sie diese Plätze immer von neuem aufsuchen, um zu bauen und zu brüten. Wir wissen aber nicht, welche Faktoren dabei den Ausschlag geben.

Die zweite Frage ist auch nicht ganz einfach. Doch läßt es sich schon denken, daß ein Vogel, sobald er die gefahrvolle Jugendzeit heil überstanden hat, egal wo, lernen kann, beweglichen Dingen auszuweichen.

Es ist nichts Ungewöhnliches, daß Haubenlerchen in ländlichen Gegenden mit Weidevieh zusammenleben. Rinder oder Schafe sind zwar nicht sehr schnell, aber ausweichen muß man ihnen auch.

Vermutlich sind die Autos und Radfahrer für die Lerchen nichts anderes als Rindviecher und Schafe, nur ein wenig schnellere Vertreter. Aber das Reaktionsvermögen von Vögeln ist eben auch wesentlich schneller als das unsere, und so können sie damit fertig werden. Das ist ganz offensichtlich, wenn man einmal einen derartigen Vogelzwerg beobachtet hat, wie er mit einer für uns geradezu herablassenden Unbefangenheit im Verkehrsgewühl umherläuft.

Der Sommer mit den Haubenlerchen in der Stadt war aufregend und spannend. Einige Rätsel und Fragen konnten wir aufspüren und lösen, viele andere blieben noch offen. Aber die Biologie wäre bald langweilig, ließe sich alles in ihrem großen Buch auf einen Schlag entziffern.

Studierzimmer Natur

Als ich Schüler war und später dann Student der Biologie, gehörte das Sammeln von Insekten, Kleinsäugern und auch Vögeln mitsamt deren Eiern zur Ausbildung. Wer wirklich Interesse an der heimischen Fauna hatte, legte sich die eine oder andere Sammlung an. Man lernt ja unvergleichlich leichter und merkt sich die Dinge besser, wenn man die Objekte seiner Sehnsüchte in den eigenen Händen gehalten hat und sie nicht nur auf Distanz betrachten konnte. Es gab damals zwar auch schon geschützte Arten und Gesetze zu deren Schutz, aber es waren relativ wenige, und im Grunde kümmerte sich kein Mensch darum, wenn man sich sammelnd und beobachtend draußen im Gelände herumtrieb. Gefährlich wurde es höchstens, wenn man sich vom Jagdpächter beim Ausnehmen eines Rebhuhngeleges erwischen ließ oder wenn man in den bayerischen Alpen mit einem allzugroßen Strauß seltener Pflanzen einem Mitglied der Bergwacht über den Weg lief.

Heute ist das alles anders.

Die rapide fortschreitende Umweltzerstörung durch den Menschen, der Verlust an Biotopen aller Art, die Schadstoffeintragung durch die Luft, durch das Wasser und über die reichlich verbrauchten Pestizide nimmt mehr und mehr Arten den Lebensraum und die Lebensgrundlagen. Es gibt kaum mehr eine Tierart bei uns, die nicht inzwischen unter Schutz steht und die ums Überleben kämpft. Da hat das Sammeln längst aufgehört.

Es ist schwierig für die Biologiestudenten heute und schwierig auch für deren Lehrer, denn die trockene Theorie durch den lebendigen Umgang mit den Tieren draußen zu erfrischen, muß praktisch unterbleiben.

Wie viele kleine Teiche und Tümpel gab es noch vor vierzig Jahren, und welche Fülle an Lebewesen ließ sich in ihnen entdecken!

Heute sucht man vergeblich danach.

Sie sind der intensiven Landwirtschaft und der Flurbereinigung zum Opfer gefallen, ebenso wie die Hecken, die kleinen Wäldchen und die schönen alten Einzelbäume in der Landschaft.

Mühsam erkämpft sind die Schutzgebiete, die aber in den allermeisten Fällen gar keine echten Schutzgebiete darstellen, weil sie vom menschlichen Freizeittreiben nicht freigehalten werden und keiner da ist, der über die Schutzbestimmungen wacht.

Immerhin, für manche Tier- und Pflanzenarten sind sie der letzte Zufluchtsort, Inseln in der Agrarwüste, kümmerliche Reste einer einst so vielfältigen und lebensvollen Landschaft.

Wenn dann von den Naturschutzverbänden oder von engagierten Einzelpersonen darum gekämpft wird, mehr Ruhe in die Schutzgebiete zu bekommen, wenn Wege gesperrt werden sollten, um die Kernzonen zu beruhigen, oder wenn es darum geht, die Ströme der Spaziergänger, Jogger und Radfahrer von heiklen Stellen fernzuhalten, dann kommt gleich Protest von allen Seiten.

Mich packt dann immer die kalte Wut ob so viel Ignoranz und Dummheit, wenn es heißt: »Da konnte man doch immer schon gehen, das war doch früher auch nicht gesperrt, das alles war doch immer so!«

Es war eben nicht immer so. Es war eben früher ganz anders.

Da gab es tausend Tümpel rundum, da gab es Hecken kilometerweit und vieles andere dazu, das den Tieren Zuflucht bot und Schutz, wo sie sich vermehren und Nahrung finden konnten.

Heute ist nichts mehr um diese wenigen Schutzgebiete

herum als kahles Land. Und genau das ist der Grund, warum die Schutzgebiete mehr denn je, mehr als früher, schutzbedürftig sind, mitsamt ihrem Bestand an Pflanzen und Tieren.

Ich weiß nicht, warum das so schwer zu verstehen ist. In unserer Zeit heißt es also Hände weg von Pflanzen und Tieren. Heißt es jede Störung möglichst vermeiden. Heißt es ›aus‹ für das Fotografieren an Nestern und Wochenstuben. Aber bei vielen Menschen, nicht nur den Biologen oder denen, die es einmal werden wollen, gibt es ein Interesse an der Natur mit ihren Lebewesen. Viele wollen den Kontakt mit unseren Mitgeschöpfen nicht ganz verlieren, wollen wenigstens etwas Anteil nehmen an deren Tun und Treiben.

Aber wie?

Es gibt eine ganze Menge Menschen, die zum Beispiel verletzten oder verwaisten Tieren gerne helfen würden, die gerne verlassene Junge aufziehen oder kranke Tiere gesundpflegen möchten.

Leider verbieten unsere Gesetze das inzwischen weitgehend. Die jagdbaren Tiere unterstanden schon früher dem Jagdgesetz und gehören sozusagen dem jeweiligen Jagdpächter. So darf man einen Junghasen oder ein Rehkitz ebensowenig mit nach Hause nehmen, wie man einen toten, überfahrenen Fasan oder anderes jagdbares Wild aufsammeln darf, um es für sich zu verwerten.

Für die nichtjagdbaren Arten, die fast alle unter Schutz stehen, gilt das Naturschutzgesetz. Und dieses verbietet es, selbst tot gefundene Exemplare einzusammeln und für den eigenen Gebrauch zu nutzen; also etwa, sie präparieren zu lassen, um sie einer privaten Lehrsammlung einzuverleiben.

Nur den Schulen, Museen, Forschungs- und Lehranstalten dürfen solche Arten zugeführt werden. Ein Präparator, der geschützte Tiere präpariert und sie an Privatpersonen verkauft, macht sich strafbar.

Gleiches gilt natürlich für alle lebenden geschützten Tiere, so daß eine Privatperson nicht einfach einen Jungvogel einer geschützten Art mit heimnehmen darf, um ihn aufzupäppeln, auch wenn sicher ist, daß der Jungvogel draußen eingehen wird, weil etwa beide Eltern verunglückt sind.

Das ist leider so, wenn es auch unsinnig klingt. Und wie meist, sind wenige schwarze Schafe an dieser übertriebenen Gesetzgebung schuld, Leute, die früher ohne Rücksicht auf den Artenschutz auch geschützte Tiere fingen oder töteten, um damit einen schwunghaften Handel zu treiben. Nur ist solchen Brüdern auch durch Gesetze kaum das Handwerk zu legen. Angeschmiert sind die ehrlichen Präparatoren und die Menschen, die nichts anderes wollen, als Tieren in Notsituationen zu helfen.

Hier muß ich allerdings sagen, daß die Hilfe, die der noch so sehr bemühte und tierliebende Laie einem verwaisten Tier entgegenbringen mag, auch problematische Seiten hat.

Die Aufzucht gelingt sehr häufig. Aber dann sollte das selbständig gewordenen Tierkind wieder in seine natürliche Umwelt, in die Freiheit entlassen werden, um der ganzen Geschichte einen wirklichen Sinn zu geben. Und das geht meist schief.

Meine Geschichte mit den jungen Turmfalken mag einen Eindruck vermitteln, was bei einer Auswilderung – so heißt das in der Fachsprache – von handaufgezogenen oder gesundgepflegten Tieren alles zu beachten ist.

Ein Jungvogel etwa, der im Hause von Menschen aufgezogen wurde und nur diese Umgebung kennt, kann nicht einfach zum Fenster hinausgelassen werden, sobald er flügge ist und selbständig Futter aufnimmt.

Die ungewohnte Umgebung da draußen verstört ihn total, er gerät in Panik. Feinde und die Möglichkeiten, ihnen zu entkommen, kennt er sowieso nicht. Bei der natür-

lichen Aufzucht durch die eigenen Eltern lernt er seine Welt allmählich kennen, und er erfährt durch Warnrufe zum Beispiel, was gefährlich ist.

In den meisten Fällen haben also handaufgezogene und zu plötzlich in die Freiheit entlassene Tiere kaum eine Chance zu überleben.

Bei sehr vielen Arten, gerade auch unter den Säugetieren, kommt hinzu, daß sie in menschlicher Obhut auf den Menschen als Artgenossen geprägt werden und dann mit den eigenen Artgenossen nichts anzufangen wissen.

Trotzdem mag ich den Menschen, die sich hilfsbedürftiger Tiere annehmen, ihre Einsatzfreude nicht schmälern, wenn ich ihnen meine Bedenken dazu auch mitteile.

Man kann einfach nicht jeden Kontakt zu unseren Mitlebewesen mit Gewalt unterbinden, selbst dann nicht, wenn er nicht sinnvoll erscheint.

Unser maschinenbestimmtes Dasein würde noch ärmer werden, der dünne Faden des Miteinander bald endgültig reißen. Was also kann man mit gutem Gewissen den Naturinteressierten raten?

Sie können die Naturschutzgesetze nicht einfach mißachten und sich so verhalten, als gäbe es sie nicht.

Im Gegenteil, jeder, dem der letzte Rest von Restnatur am Herzen liegt – eine wirkliche Natur gibt es ja eigentlich schon längst nicht mehr bei uns, es ist alles vom Menschen gestaltet –, muß seine Mitmenschen sehr genau im Auge haben, wenn sie sich draußen zu schaffen machen, und sollte sich nicht scheuen einzugreifen, wenn er Schlimmes sieht. Die zuständigen Behörden auf Mißstände aufmerksam zu machen, ist geradezu Pflicht.

Wenn aber nun auch fast alles verboten ist, was früher erlaubt war, so gibt es kein Verbot, seine fünf Sinne zu gebrauchen und einfach zu beobachten.

Dazu bieten sich viele Gelegenheiten.

Selbst in den Städten, wie die Haubenlerchengeschichte beweist.

Und ganz besonders in den städtischen Grünanlagen und Parks.

Wer hier mit offenen Augen und Ohren spazierengeht, kann erstaunlich viel erleben, ohne zu stören oder zu zerstören. Man muß allerdings Augen und Ohren haben, die noch nicht blind und taub geworden sind vom technischen Lärmen der Großstadt und die noch nicht ganz verlernt haben, das in vielen Fällen recht heimliche Treiben der Tiere in ihrer natürlichen Umgebung wahrzunehmen.

Geduld sollte man auch mitnehmen auf den Beobachtungsgängen und ein gutes Fernglas, das heute gar nicht mehr so große Kosten verursachen muß.

Eine ganze Reihe von Tierarten hat sich dem Leben in den Städten und ihren Grünflächen innerhalb der letzten Jahrzehnte angepaßt; sie sind zu Kulturfolgern geworden.

Bei einigen ist das recht bemerkenswert, denn früher waren es durchaus scheue und nicht ganz leicht aufzuspürende Arten.

Als wir als Buben unsere ersten Eiersammlungen anlegten, galt es als ein großes Ereignis, wenn man das Nest einer Ringeltaube im Wald fand.

Heute brütet diese Wildtaube mitten in den Großstädten, und zwar in Mengen. Sie verhält sich teilweise kaum weniger scheu als die verwilderten Haustauben, und die Fluchtdistanz gegenüber Menschen beträgt kaum drei bis vier Meter. Die Nester, recht flach und wenig stabil gebaut, sind in allen möglichen Straßenbäumen zu finden, oft nur einen oder zwei Meter über dem Boden, so daß man vom Gehsteig aus mit der Hand hineinlangen kann.

Ihre Nahrung suchen die Ringeltauben auf den Grünflächen und spazieren dort völlig ungeniert gemeinsam mit Staren, Amseln und Bachstelzen herum.

Sie haben im Vergleich zu ihren »wilden« Artgenossen draußen im Wald und auf den Feldern nicht nur die Scheu verloren, sondern auch andere Lebensgewohnheiten angenommen. So beginnen sie schon sehr früh im Jahr, wenn die Bäume noch kein Laub tragen, mit der ersten Brut. Natürlich sind die beiden weißen Eier dann leicht von oben zu sehen und werden häufig ein Opfer der Elstern oder Rabenkrähen, die ebenfalls vermehrt in die Städte ziehen. Das schadet aber den Ringeltauben keineswegs, denn drei oder auch vier Bruten im Jahr sind nichts Besonderes, und so werden immer noch genügend Junge flügge.

Auch sind die Reviere der Tauben wesentlich kleiner in der Stadt als draußen, und das führt zu ständigen Kämpfen und Streitereien der Paare, weil sie sich, um es salopp auszudrücken, zu dicht auf der Pelle sitzen.

Im Herbst und Winter, wenn sich die Ringeltauben zusammenschließen, lassen sich riesige Scharen von ihnen beobachten, wenn sie in der Dämmerung bestimmte hohe Parkbäume zum Schlafen aufsuchen.

Eine andere Taubenart, die Türkentaube, ist auch längst in unseren Städten und Dörfern zu Hause.

Ursprünglich stammt sie, wie der Name verrät, aus Südosteuropa und wanderte um die Mitte unseres Jahrhunderts von dort aus stetig nach Nordwesten.

Sie ist, anders als die Ringeltaube, völlig vom Menschen und seinen Siedlungen abhängig, geht nicht in die freie Landschaft hinaus und muß sich von Getreideabfällen und den Resten der Haustiernahrung den Magen füllen.

Zunehmend lassen sich in den letzten Jahren die Wacholderdrosseln als Brutvögel in Parkanlagen beobachten.

Anders als Amsel, Singdrossel oder Misteldrossel brüten die Wacholderdrosseln in lockeren Kolonien, also viele Paare in einer Baumgruppe oder einem kleinen Wäldchen zusammen.

Auch diese Vogelart war früher nur in der Landschaft vor den menschlichen Siedlungen zu finden und dort eher scheu. Jetzt hüpfen die Wacholderdrosseln gemeinsam mit den Amseln vor den Füßen der Spaziergänger auf den kurzgeschorenen Rasenflächen und lassen sich kaum stören. Gerade diese kurzrasigen, weiten Flächen sind es wohl, die den Drosseln und mit ihnen verschiedenen anderen Arten die Nahrungssuche erleichtern und damit zu einem anziehenden Element werden.

Denn Drosseln suchen in erster Linie Regenwürmer, und es ist verständlich, daß sie dies auf einem englischen Rasen besser tun können als im hohen Gras oder in krautigem Bewuchs.

Auch Bachstelzen, Stare, Tauben oder Rotkehlchen nutzen die kurzen Wiesen zur Nahrungssuche. Wenn sie dabei nicht unmittelbar verfolgt oder sonstwie stark gestört werden, so ist der Mensch sehr schnell kein Feind mehr, und seine Anwesenheit oder auch direkte Nachbarschaft

wird geduldet. Zwei Jahre zurück brütete in einer Gruppe von drei hohen Kiefern mitten auf einer vielbelagerten Wiese in einem Braunschweiger Park sogar eine Waldohreule.

Dies blieb lange unbemerkt, bis sich die Jungen durch ihre fiependen Bettelrufe verrieten.

Das Eulenpaar hatte sich weder durch Sonnenanbeter unter dem Brutbaum noch durch lautstarkes Fußballspielen stören lassen, auch nicht durch nächtlich lagernde Penner und die zahlreichen Hunde, die hier täglich ihren Auslauf hatten.

Wie Nahrungsreste unter den Kiefern bewiesen, jagten die Eulen vor allem Haussperlinge und Feldmäuse, die es in der Umgebung reichlich zu fangen gab.

Es ist keineswegs so, daß man heute nur »Amsel, Drossel, Star«, mit anderen Worten noch recht häufige Allerweltsvögel in der Nachbarschaft des Menschen sehen kann.

Mehr und mehr gewöhnen sich auch seltenere und als eher mißtrauisch und scheu geltende Arten daran, ihre Brut- oder Jagdgebiete in die Städte und Dörfer zu verlegen.

Denn wo sich Beutearten in größeren Mengen ansammeln, da bleiben auch die Jäger nicht lange aus.

Was Wunder, daß die kopfstarken Flüge der Ringeltauben den Habicht anlocken oder die Scharen von Drosseln den Sperber.

Beim morgendlichen Spaziergang findet man dann nicht selten die Reste einer Rupfung vom Abend zuvor und kann oftmals anhand der Verteilung der Federn und sonstiger Beutereste sogar den Ablauf der Jagd rekonstruieren. Sogar unser größter heimischer Nachtgreifvogel, der Uhu, verirrt sich ab und zu ins Zentrum der Großstädte und hält sich eine Weile dort auf. Die hohen Häuser sind ihm Felsersatz, und Nahrung gibt es reichlich. Alleine die Stadttauben würden mehreren Uhus ein sorgloses Leben ermöglichen. Aber auch Enten und Kaninchen, Ratten und Eichhörnchen ergänzen den Speisezettel.

Man möchte fast sagen, je artenärmer die Landschaft um die Städte wird, um so mehr Arten lassen sich in den Städten beobachten.

Tatsächlich stellen ja die Parkanlagen mit alten Bäumen, Büschen und Hecken, Teichen und Wiesenflächen heute weit eher einen »natürlichen« Lebensraum dar als die landwirtschaftlich intensiv genutzten Gebiete vor den Toren. Sie eignen sich durchaus, um mit allen möglichen Arten Bekanntschaft zu machen. Um so mehr, als die Vögel und auch die Kleinsäuger weit weniger scheu sind, als es in der freien Wildbahn üblich ist, und ihre Fluchtdistanz meist nur ein paar Meter beträgt.

So gehe ich auch mit meinen Studenten gerne zum Vogelbeobachten in die Parks, weil sie, die Anfänger, dort eher einmal eine Art längere Zeit anschauen oder ihr beim Singen und Balzen zuhören können.

Da gibt es also in unseren Städten eine ganze Menge Möglichkeiten, Tiere kennenzulernen und einiges über ihr Verhalten zu erfahren. Man muß nur wollen, und man muß, ich schrieb es schon, ein wenig seine Sinne schulen und gebrauchen. Darf sie nicht völlig verkümmern lassen durch Verkehrslärm, Abgasdüfte, Betonwände und hartes Pflaster.

Und wer mehr tun möchte als schauen und hören, der wird sich Aufzeichnungen machen können über seine Beobachtungen. Er wird sich wundern, wieviel da zusammen kommt im Laufe der Wochen, Monate oder Jahre. Über das Leben der Tiere in der Stadt ist noch so manches unerforscht, und viele Fragen sind noch zu beantworten. Immer neue Arten dringen von draußen ins Innere der Städte ein, und wir wissen in den wenigsten Fällen die Gründe dafür.

Wie steht es zum Beispiel um die Feinde? Ist der Feinddruck in der Stadt geringer? Manche meinen, daß den Tieren hier weniger Gefahren drohen.

Aber die Greifvögel jagen eben auch schon hier, Marder und sogar Füchse breiten sich in den Städten aus. Und dazu kommen die Katzen und die Hunde. Und schließlich werden die natürlichen Feinde ergänzt oder ersetzt durch die »mechanischen«, durch die Autos und Straßenbahnen, unter deren Rädern viele unerfahrene Jungtiere sterben, oder durch die gläsernen Wände, die großen Fensterscheiben, an denen sich eine Unzahl von Vögeln das Genick bricht. Gefahrlos ist die Stadt keineswegs. Vielleicht sogar das Gegenteil davon, vielleicht ist sie weit gefahrvoller für die Bewohner und Besiedler aus dem Tierreich als Wald und Feld. Oder wie sieht es aus mit den Brut- und Nahrungsgewohnheiten? Von einigen Vogelarten weiß man schon, daß sie im Stadtbereich früher im Jahr mit dem Eierlegen und Brüten beginnen als außerhalb.

Daß sie mehr Bruten im Jahr machen und bis spät in den Herbst hinein noch Junge großziehen.

Von anderen Arten weiß man, daß sie in den Städten ganz andere Nahrungsquellen nutzen oder ohne die Fütterung durch die Menschen gar nicht überleben könnten.

Aber überall läßt sich noch Neuland finden und sind Rätsel zu lösen. Man braucht dazu nicht studiert zu haben. Kein Hörsaal der Welt kann das größte und schönste, das interessanteste und aufregendste Studierzimmer ersetzen, das sich uns anbietet – die Natur selbst.

Konrad Lorenz

Das Wirkungsgefüge der Natur und das Schicksal des Menschen

Gesammelte Arbeiten
Herausgegeben und eingeleitet von Irenäus-Eibl-Eibesfeldt.
368 Seiten mit 23 Abb. Serie Piper 309

Oskar Heinroth / Konrad Lorenz
Wozu aber hat das Vieh diesen Schnabel?

Briefe aus der frühen Verhaltensforschung 1930–1940
Herausgegeben von Otto Koenig.
334 Seiten. Serie Piper 975

Konrad Lorenz / Franz Kreuzer
Leben ist Lernen

Von Immanuel Kant zu Konrad Lorenz
Ein Gespräch über das Lebenswerk des Nobelpreisträgers.
103 Seiten mit 1 Abb. Serie Piper 223

Karl R. Popper / Konrad Lorenz
Die Zukunft ist offen

Das Altenberger Gespräch
Mit den Texten des Wiener Popper-Symposiums. Hrsg. von Franz Kreuzer
143 Seiten. Serie Piper 340

Nichts ist schon dagewesen

Konrad Lorenz, seine Lehre und ihre Folgen
Die Texte des Wiener Symposiums, herausgegeben von Franz Kreuzer.
Mit Beiträgen von I. Eibl-Eibesfeldt, A. Festetics, B. Hassenstein, B. Lötsch, K. Lorenz, E. Oeser, R. Riedl, W. Schleidt, S. Sjölander, W. Wickler, F. Wuketits. 251 Seiten. Kt.

PIPER

Irenäus Eibl-Eibesfeldt

Die Biologie des menschlichen Verhaltens
Grundriß der Humanethologie
998 Seiten mit rund 1000 Abb.
Leinen in Schuber

Galápagos
Die Arche Noah im Pazifik
413 Seiten mit 240 farbigen und
schwarzweißen Abb. Geb.

Grundriß der vergleichenden Verhaltensforschung – Ethologie
929 Seiten, 443 Abb., Bildfolgen und Grafiken und 12 farbige Tafeln.
Leinen in Schuber

Krieg und Frieden aus der Sicht der Verhaltensforschung
329 Seiten mit Abb. Serie Piper 329

Liebe und Haß
Zur Naturgeschichte elementarer Verhaltensweisen
293 Seiten. Serie Piper 113

Die Malediven
Paradies im Indischen Ozean
324 Seiten mit 190 meist farbigen Abb. Geb.

Der Mensch – das riskierte Wesen
Zur Naturgeschichte menschlicher Vernunft
272 Seiten mit 29 Abb. Leinen